Alejandro Cebolla Ladrón de Guevara

EL PILOTO DE LAS TRES "H"
Hilario Hinojosa Huete
Aviador de Caza de las Fuerzas
Aéreas de la República

COLECCIÓN ES UN DECIR

Título: *El piloto de las tres "H". Hilario Hinojosa Huete. Aviador de Caza de las Fuerzas Aéreas de la República*

© de los textos, Alejandro Cebolla Ladrón de Guevara, 2025

Edita:
Manuel Baile

Dirigen la colección:
Juan J. Soro y Herminio Lafoz

Diseño de cubiertas y maquetación:
Editorial Comuniter

Esta edición es propiedad de la Editorial Comuniter S.L.
www.editorialcomuniter.es
Publicación N.º 340

Primera edición, junio 2025
Segunda edición, octubre 2025

ISBN: 978-84-18973-76-5
Depósito legal: Z 1001-2025
Obra adscrista en el Registro de la Propiedad Intelectual: 00765-02249874

Impreso y encuadernado en talleres de Editorial Comuniter

Alejandro Cebolla Ladrón de Guevara

EL PILOTO DE LAS TRES "H"
Hilario Hinojosa Huete
Aviador de Caza de las Fuerzas
Aéreas de la República

COLECCIÓN ES UN DECIR

EL PILOTO DE LAS TRES "H"

Hilario Hinojosa Huete
Aviador de Caza de las
Fuerzas Aéreas de la República

Índice

Somos la nueva juventud que un día
soñó con tener alas y volar.
El viento es nuestra sola compañía,
El cielo azul de España nuestro hogar…

Rafael Alberti. De la letra dedicada a *La Gloriosa*

Agradecimientos

Este ensayo ha sido posible gracias a la generosa aportación de escritores, historiadores y distintos Archivos Militares y civiles que han facilitado la consulta de sus trabajos y documentos. Especial mención merece el historiador Carlos Lázaro Ávila y la Asociación de Aviadores de la República, ADAR, por su imprescindible ayuda para que este proyecto saliera adelante.

A la familia de Hilario Hinojosa Huete, especialmente a tres de sus hijos: Hilario, Coral y Tomás.

A la familia de Mariano Francisco Martí Egea y a la de Domingo Gargallo Jariod.

Al historiador Herminio Lafoz y el periodista Mario Ortiz Fernández por su trabajo en las correcciones orto- tipográficas y consejo literario.

Al coronel de aviación del Ejército Español, Javier Jiménez Olmos, por regalarnos el prólogo y su orientación en temas de aviación.

Nieve en agosto. Canfranc, 1964

La majestuosa estación internacional de Canfranc (Huesca) me hizo abrir los ojos como nunca antes. No había visto cosa igual en mi vida. Aunque, a decir verdad, con apenas nueve años, nada había visto más allá de mi querida y antigua Zaragoza.

Mi padre, ferroviario, había sido destinado aquel verano a trabajar en dicha estación. Aquel desplazamiento laboral era una forma de ganar algún dinero extra que tanto se necesitaba en la triste España de los años sesenta.

Después de un «peculiar» viaje, que dio comienzo en la Estación del Norte del arrabal zaragozano, dos máquinas de carbón tiraron del convoy con destino a la frontera con Francia. Los asientos en tercera eran de tiras de madera y por los ventanales del vagón se introducía el humo negro de las locomotoras, que revocaba en los túneles. A mitad de viaje, toda la familia (mis padres, mi hermana pequeña y yo) disfrutamos de la tortilla de patata que había preparado mi madre y que conservaba en una fiambrera.

Con el equipaje, que lógicamente llevaban mis padres, caminamos desde la monumental estación hacia el conjunto de edificios, todos ellos iguales, que se posicionaban a ambos lados de la carretera, hasta que llegamos a la iglesia. El templo tenía anexa una amplia casa de planta, que era habitada por la señora Ernesta, la sacristana.

La estancia contaba con varias habitaciones que la buena mujer, de edad ya mayor, alquilaba. Para mi sorpresa, no éramos los únicos clientes. Otro matrimonio con dos hijas, una de la misma edad que yo, y la más pequeña de la misma que mi hermana, se alojaban allí también.

Canfranc estación o «Arañones», era un lugar tristón. Sus gentes se centraban en el trabajo y poco más. La población se componía de los lugareños, de los numerosos guardias civiles del puesto fronterizo y de los ferroviarios, considerados rojos por los de verde.

La convivencia era «pacífica». La guerra hacía mucho que había pasado y todos estaban más preocupados en subsistir que en discutir. Aun con todo, los mayores estaban atentos a los movimientos de la Benemérita. Los chicos, mayoritariamente hijos de guardias civiles, correteaban en grupo y no tuvieron inconveniente en dejar que yo, el hijo de un rojo ferroviario, se sumara a las travesuras que dirigía el hijo del sargento de los de verde. Y fueron muchas. Como el día que nos dedicamos a tirar por las ventanas de las casas unos petardos que parecían cartuchos de dinamita. Aquello tuvo consecuencias y, tras la intensiva búsqueda por parte de un numeroso grupo del Cuerpo, nos pillaron y encerraron unas horas en una leñera, tras una buena bronca, claro. Las tortas se las llevó únicamente el hijo del sargento.

En tiempos de escasez y dificultad la amistad se acentúa. Las personas somos más cercanas y humanas. Y éste es, principalmente, el hecho que quería resaltar en este comienzo.

El matrimonio con el que convivimos los meses de verano eran Hilario y Teresa con sus hijas pequeñas Coral y Marisol. Hilario trabajaba en la construcción de la presa de IP, en las cumbres cercanas del Pirineo aragonés.

De aquellos meses nació una amistad que se alargó años y años, hasta que el reloj biológico, que todos llevamos, pone el punto final.

14

En Canfranc, por mi parte, el resto del tiempo que no estaba con los cachorros de la Guardia Civil lo pasaba con Coral, una niña inteligente y preciosa. Aún me recuerda el pisotón que le di en el baile de las fiestas del pueblo. Mejor eran las excursiones al Coll de Ladrones, que recorríamos por entero a nuestro libre albedrío. O el día de agosto que nevó hasta cubrir la carretera.

Ya en Zaragoza, Coral y yo continuábamos nuestras aventuras recorriendo el viejo edificio que llamaban «Castillo Palomar», situado en un parque al que nos llevaban nuestros padres.

La amistad con el «Piloto» —como lo llamaba mi padre— se oficializaba los domingos de café en casa de Hilario y Teresa, dándose la casualidad de que ambas familias vivíamos a unos minutos de distancia.

Allí iba con mis padres y, mientras jugaba con Coral, escuchábamos las numerosas historias que los amigos le pedían a Hilario que contara, y que oían asombrados. Yo miraba a Hilario y soñaba… quería ser piloto también.

Canfranc 1964. Coll de Ladrones al fondo. De izquierda a derecha: de pie Ana (mi madre), Teresa y Luz (hermana de mi madre). Sentados, de izquierda a derecha: tercera, Coral; cuarto, yo asomando la cabeza. El resto: Marisol (hermana de Coral), Ana (mi hermana) y mis primos hermanos, Ana Mari, Encarna y Paquito.

15

Prólogo

A los amantes y defensores de la libertad, tan abundantes dentro del populismo reaccionario —por qué no llamarlo fascismo de nuevo cuño— tan de actualidad, conviene recordar a su nostálgica evocación del pasado que, Hilario y Teresa, protagonistas de esta historia, como les sucedió a tantos otros, su matrimonio civil, celebrado durante el periodo de la República durante la Guerra Civil de España, fue anulado por el ultracatólico régimen franquista, y que ese sistema político añorado, por parte de determinados grupos políticos y sociales actuales, les obligó «libremente» a repetir su matrimonio con la bendición de la Santa Madre Iglesia, la misma que también bendijo la «cruzada» golpista.

La muerte del dictador fue el comienzo del fin del régimen del general golpista, caudillo de España por la gracia de «su» Dios y por la inestimable ayuda de nazis y fascistas.

Por fin se acabó y también el silencio impuesto a toque de corneta y vigilado por instituciones del Estado al servicio de la represión contra los defensores de la democracia. Todos aquellos que lucharon por la libertad pudieron manifestarse sin miedo a ser encarcelados, desterrados o cosas peores.

El protagonista de esta historia, Hilario, pudo reunirse con sus antiguos camaradas de la aviación de la República y manifestarse libremente. Sus historias de compromiso con la defensa de la República se dieron a conocer. La de Hilario Hinojosa Huete es una de ellas. Una historia apasionante de compromiso y humanidad.

El autor de este ensayo nos cuenta la trayectoria de Hilario al servicio de la República, desde su alistamiento como soldado de a pie, hasta su enrolamiento en la aviación gubernamental (republicana). Si la vida en las trincheras era cruel, nos podemos imaginar que combatir en el aire en aquellos tiempos era tan duro y con tantas posibilidades o más de morir que en el frente.

Nos cuenta el autor que Hilario era un hombre de aquella época, curtido en el trabajo duro y la escasez de casi todo. Nos presenta a Hilario como una persona humanista, amante de su familia y defensor de unos ideales de democracia y solidaridad.

Puedo imaginar perfectamente cómo se sentía Hilario cuando por primera vez voló solo a las orillas del Mar Menor, en un lugar llamado el Carmolí.

Es curioso, porque la formación de los pilotos de la República se llevó a cabo en ese lugar adjunto a las orillas del Mar Menor, en San Javier, La Ribera, Los Alcáceres y el Carmolí. Y es curioso porque la formación de los pilotos del Ejército franquista, vencedor de la Guerra Civil, también se ha realizado en esos mismos lugares desde los años cuarenta.

Comprendo y comparto las experiencias aeronáuticas de Hilario, descritas en este libro, y las de tantos otros pilotos condenados por el régimen franquista al olvido, al destierro, a la cárcel o a la muerte.

Ahora que el populismo reaccionario quiere volver a borrar la memoria de la República española, la sublevación militar que provocó la guerra y la represión del régimen franquista, es más conveniente que nunca recordar historias como la de Hilario, un hombre que defendió dignamente la legalidad republicana desde los claros cielos mediterráneos.

Vaya en estas humildes palabras el homenaje a todos estos pilotos españoles que dieron su vida o perdieron su libertad por defender la democracia, con el deseo de que no se imponga jamás la sinrazón de los nostálgicos de un tiempo de represión, y podamos disfrutar de la libertad simbolizada por ese despegue del primer vuelo en solitario de Hilario desde el Carmolí hacia los limpios cielos del Mar Menor.

Javier Jiménez Olmos[1]

Prefacio

Hilario Hinojosa Huete nació el 21 de octubre de 1913 en la castellana localidad de Villasequilla, provincia de Toledo. Sus padres eran Eugenio Hinojosa Beltrán, natural de Añover de Tajo, y Ángela Huete, natural de Villasequilla; tuvieron cuatro hijos: Eugenio, Antonia, Julia e Hilario.

Realizó estudios básicos y, en edad de trabajar, se incorporó a la fábrica de cementos Portland Iberia. S. A., empresa inaugurada en el año 1914 y localizada en Castillejo, una población situada a 4 kilómetros de su pueblo, donde se especializó como mecánico ajustador. Su padre trabajaba allí de encargado general.

De sus aficiones juveniles podemos decir que prevalecía su espíritu deportivo. Era un joven sano, con una extraordinaria agilidad y, sobre todo, tenía la vista de un lince. Sentía verdadera devoción por el fútbol, deporte que practicaba jugando de portero en el equipo de Villasequilla. Y parece que se le daba bien, porque recibió una oferta para incorporarse a la plantilla del Toledo[2]. A su padre no le pareció buena idea y no le permitió fichar.

Desde joven festejó con Teresa Pérez Peñalba, una joven alta y delgada de su misma localidad y cinco años menor que él, nacida el 30 de mayo de 1918. Era la hija primogénita de Eusebio Pérez, ferroviario de profesión, y de Vicenta Peñalba, ama de casa, que tuvieron cinco descendientes: Teresa, Ana,

19

Ciriaca, Inocencio y Josefa. Teresa Cursó estudios básicos en su localidad y siempre se dedicó a las tareas domésticas.

Respecto a Hilario, poco podemos decir de sus inclinaciones políticas o sindicales, dada la dificultad que entraña un ensayo biográfico afrontando la carencia de documentos e indicaciones que solo Hilario nos podría aportar. Sin embargo, el contexto histórico en el que se encontraba nos dice que en su centro de trabajo principalmente primaba la afiliación a la Unión General de Trabajadores (UGT), de tendencia socialista, y también a la anarquista CNT, aunque en menor grado. Por añadidura, podemos asegurar que la influencia del Partido Socialista Obrero Español (PSOE) en los campos castellanos era importante.

Hilario demostró que su conciencia de clase era indudable. Tan pronto como se produjo el golpe militar de julio de 1936, se incorporó a la milicia que la UGT organizaba para repeler tal agresión a la legalidad vigente, llevando a efecto un verdadero acto de fe, por carecer de formación militar al no haber sido requerido para realizar el servicio militar obligatorio. En aquel momento tenía 22 años.

Poseedor de un carácter tenaz, lo veremos en la infantería y en los frentes de lucha, donde se fajó en los primeros meses del conflicto con las fuerzas nacionalistas que avanzaban hacia Toledo y Madrid.

Tras la sorprendente decisión de probar suerte en la convocatoria de aspirantes a piloto de aviación —que anunció con urgencia el Gobierno— y de su posterior boda con Teresa, lo veremos superar una dificilísima selección y, tras un año de formación en Murcia, conseguir la graduación de sargento piloto para surcar los cielos españoles pilotando un caza Polikarpov I-16 formando parte de la mítica 3ª Escuadrilla de cazas de la República, y sufrir infinidad de avatares, compartiendo aquella lucha con personas excepcionales. Héroes que defendieron con su vida la democracia, la libertad, y la legalidad que representaba la República.

Terminada la contienda y habiendo sobrevivido a ella milagrosamente sin un rasguño, sus avatares no acabaron, viéndose obligado a escapar de la persecución de quienes a su regreso lo quisieron apresar. Algo que le ocurrió a la mayoría de sus compañeros de Armas que, expulsados del ejército, afrontaron el exilio, la cárcel y también fusilamientos.

La implacable dictadura obligó a Hilario y Teresa a tener que casarse de nuevo, y esta vez por la Iglesia. Acto que se celebró en su población natal de Villasequilla.

Sustentado por su voluntad de hierro y apoyado en su gran capacidad profesional, salió adelante trabajando en grandes obras por toda España. Aunque a punto estuvo de morir congelado durante la construcción de la presa de IP, en Canfranc, en el Pirineo aragonés. La enfermedad también le llamó poniendo en peligro su vida, al sufrir un ictus cerebral.

Durante la larga travesía del Franquismo mantuvo contacto con algún compañero de vuelo, pero fue con la llegada de la democracia y la creación de la Asociación de Aviadores de la República (ADAR) cuando participó de sus reuniones, retomando el contacto con tantos supervivientes de las FAR como él, muchos de ellos llegados del exilio. La citada Asociación propició la reclamación de sus derechos. Un duro proceso colectivo que logró, en su caso, el reconocimiento como piloto del ejército español con el grado de comandante. Sus vínculos laborales hicieron que se asentara en Zaragoza, y Aragón pasó a formar parte inseparable de la vida de Hilario y de Teresa, al igual que para seis de sus siete hijos e hijas. Hilario, su primogénito, se marchó a trabajar a Madrid.

Sin temor a equivocarnos, podemos decir que Hilario fue un buen hombre. Con un carácter indomable, sin duda, pero amigo de sus amigos y amante de su numerosa familia. Un hombre valiente y trabajador. Un resistente que bien merecía una semblanza que permita mantener viva su memoria y sea un regalo vital para sus descendientes. Su vida es inseparable de la de su esposa Teresa. Ella está siempre presente y de forma insustituible en el recorrido de la historia que narramos y de la larga existencia que compartieron.

Y de pronto llegó la guerra

17-18 de julio de 1936

La asonada militar contra el gobierno de la República da comienzo en África. Aquella fecha dio inicio a unos hechos históricos que marcarían el devenir de todos los españoles y sus consecuencias se alargarían en el tiempo. No podían imaginar Hilario y Teresa cómo iba a cambiar su vida tras aquel verano de 1936.

La movilización social

Villasequilla, pueblo natal de Hilario, es un municipio de la provincia de Toledo. Linda con las poblaciones de Yepes, Huerta de Valdecarábanos y el término segregado de La Guardia, todas en la provincia de Toledo y a 72 km. de la capital de España. Toledo, la capital de la provincia, tan solo se encuentra a 29 km. de distancia de Villasequilla. La comarca donde vivían sus familias era netamente proletaria, conformada por trabajadores del campo y de la industria del cemento desde el año 1914. En aquel tiempo había una amplia conciencia de clase, donde la UGT era prominente en la industria y también en el campo y, por ende, las ideas socialistas estaban ampliamente asentadas, aunque coexistían con los anarquistas de la CNT, Partido Comunista o partidos republicanos.

Con el inicio de las hostilidades armadas de los sublevados se produjo en el país una gran tensión. Los sediciosos, militares apoyados por sectores poderosos como la banca y la Iglesia católica, habían estado conspirando contra la República desde el mismo día de su proclamación, contando con la ayuda de los gobiernos de Alemania e Italia, países que habían abrazado el fascismo. También contaron con la colaboración de sectores militares africanistas del protectorado de Marruecos y las plazas españolas del mismo lugar, dando comienzo a una guerra fratricida y no deseada por la inmensa mayoría de los españoles.

Los golpistas confiaban en que, al contar con una manifiesta complicidad entre numerosos mandos del Ejército (a los que se sumarían los grupos fascistas conformados por la Falange y los Requetés navarros, principalmente) tomarían pronto el control de las grandes capitales, sobre todo de Madrid, objetivo principal, y así dar por concluida la campaña rápidamente e implantar el régimen dictatorial que fatalmente consiguieron tres años después.

Desde el inicio de la guerra los asesinatos selectivos en los lugares que tomaron los sublevados fueron masivos. Aún hoy, después de tantos años, investigadores e historiadores intentan hacer recuento de las víctimas, a sabiendas de que miles y miles de ellas se fundirán para siempre con la tierra de las fosas y cunetas, cayendo en el olvido. «Lo que no se sabe, no ha ocurrido» era la táctica de los golpistas.

En el contexto anteriormente descrito se encontraron Hilario y Teresa, momento que les obligó a tomar decisiones trascendentales. Podemos concluir que ambos eran partícipes de los principios republicanos (la Constitución española de 1931 fue aprobada el 9 de diciembre de 1931 por las Cortes Constituyentes, tras las elecciones generales españolas de 1931, y por ella a las mujeres se les reconoció el derecho al voto) y que Hilario, como trabajador de la fábrica de cemento, estaba más posicionado, tanto política como sindicalmente, pero no podemos indicar una adscripción partidaria concreta. Bien es cierto que durante su alistamiento en las milicias lo hace en la que promueve la UGT y que, durante la guerra, no asumió filiación comunista o anarquista.

Sea como fuere, Hilario, que contaba entonces con 22 años, tomó la decisión de alistarse voluntario en una de las comentadas milicias que se crearon rápidamente para defender la legalidad y la Constitución aprobada por los españoles en el periodo republicano.

Las milicias y los frentes de guerra

Las primeras milicias[3]

El golpe militar iniciado el 17 de julio de 1936 descompuso profundamente la estructura organizativa del Ejército español, que resultó fragmentado en función de las lealtades establecidas en cada unidad en favor de la sublevación o de la fidelidad a la legalidad vigente. El inicial fracaso del plan de sublevación, el colapso de la autoridad y la falta de acuerdo durante las breves negociaciones entre el gobierno y los sublevados fueron algunos factores que favorecieron la deriva del conflicto hacia una guerra abierta.

Las milicias -durante las primeras semanas de la guerra- estaban formadas por un conjunto heterogéneo de hombres, también mujeres, en su mayoría obreros, sin formación militar ni disciplinas castrenses, y organizadas sobre la base de sus afinidades políticas o sindicales.

Entre el 19 y 26 de julio se iba a celebrar en Barcelona la Olimpiada Popular, que fue organizada como protesta a los Juegos Olímpicos de Berlín organizados por la Alemania nazi de Hitler, que pretendía difundir al mundo entero la imagen de una nación superior. El recientemente electo gobierno de la II República decidió no participar en los citados juegos. Al no enviar a los representantes de España, prefirió apoyar un evento deportivo alternativo, pero en distinta fecha.

En este evento se inscribieron 6.000 atletas de 22 naciones, siendo las delegaciones de Estados Unidos, Francia, Países Bajos, Bélgica, Checoslovaquia, Dinamarca, Noruega, Suecia y Argelia las más numerosas. También hubo equipos representando a los judíos exiliados a Alsacia, Cataluña, Galicia y el País Vasco. Los equipos de Alemania e Italia estaban compuestos por exiliados de dichos países. La mayoría de los atletas pertenecían a asociaciones y clubes deportivos sindicales y partidos de izquierda, y no a los comités deportivos estatales u olímpicos, aunque entre ellos se encontraban algunos deportistas de alto nivel.

Con el estallido de la Guerra Civil española, justo cuando iban a comenzar los Juegos, fueron cancelados a toda prisa. Por lo menos 200 de los atletas, como Clara Thalmann (periodista, deportista y miliciana suiza), permanecieron en España y se unieron a las milicias obreras organizadas para luchar por la defensa de la Segunda República Española, siendo el inicio de las Brigadas Internacionales.

El Quinto Regimiento[4]

Más que una unidad orgánica fue un centro de reclutamiento, instrucción militar y formación política de mandos y milicianos. Se definió como antifascista y no como comunista, por lo que en el mismo cabían voluntarios de diferentes procedencias. En los primeros momentos la incorporación fue diversa y poco ordenada: grupos que se habían ido por su cuenta a los frentes, evadidos a título individual, grupos de no comunistas y otros organizados por el Partido Comunista de España y las Juventudes Socialistas Unificadas.

En ese contexto, Hilario se alistó como voluntario el mes de agosto de 1936 en el batallón «Leones Rojos de Toledo». ¿Quiénes eran los Leones Rojos en España?

Lejos de lo que pudiera parecer la terminología, así era como se llamaba en aquel tiempo a la Selección Española de Fútbol.

En 1934 España llegó a cuartos de final del Campeonato del Mundo, en un disputado partido en Florencia contra Italia. La Roja había vencido previamente a Brasil por 3 a 1 en un encuentro en el que Zamora demostró su valía parando un penalti al delantero brasileño Leónidas. El pase a cuartos le tocó ante los anfitriones italianos en lo que sería un episodio que desbordó los límites de lesionados (siete españoles y cuatro italianos), fue un encuentro durísimo. Se jugó el 31 de mayo en el estadio de Florencia, pero al acabar en empate se hubo de jugar una prórroga al día siguiente 1 de junio en la que siete jugadores titulares españoles fueron baja; el portero, Zamora, había acabado la jornada con dos costillas rotas. Comenzó marcando España con un gol de Regueiro en el minuto 31. A partir de ahí las irregularidades se dispararon con una gran violencia y malas jugadas en el campo que no fueron sancionadas.

Al día siguiente, la prórroga supuso una repetición del juego sucio y resultaron lesionados Bosch, Chacho, Regueiro y Quincoces, mientras dos goles españoles eran anulados. El colegiado suizo Rene Marcet tuvo en este encuentro su último partido como juez y fue expulsado de la Federación Internacional y la suiza. El partido fue conocido como «la batalla de Florencia». A su retorno a España, la selección fue objeto de un homenaje y se jugó en el estadio de Chamartín un encuentro internacional de desagravio ante lo que se consideró un robo de la clasificación.

Sin duda, Hilario Hinojosa como jugador y apasionado del fútbol vivía con emoción aquellas gestas de la Selección Española y admiraba a sus afamados jugadores. Así pues, el nombre de aquella milicia, a la que se le añade el León del escudo de Toledo, toma para sí el espíritu guerrero de los combativos futbolistas españoles y pudo motivar a Hilario a la hora de enfrentar con corazón y coraje la terrible situación que se avecinaba.

Los «Leones Rojos» en la guerra

El citado batallón quedó adscrito al regimiento «Dimitroff», posteriormente integrado en el Quinto Regimiento. Hilario fue enviado a la cercana localidad de Ocaña, donde ingresó en un campamento para realizar instrucción militar. A los voluntarios se les realizaba —en primera instancia— una revisión médica y se les instaba a presentar algún certificado de militancia antifascista, lo que nos lleva a pensar en su más que posible filiación sindical. En principio, la edad de admisión estaba fijada entre los 28 y los 45 años, aunque en la práctica no se respetase. A continuación, se llevaba a cabo la instrucción teórica y práctica. Por lo general, las milicias del Quinto Regimiento gozaron de un grado de preparación superior al del resto de unidades republicanas. El tiempo de instrucción era de 15 días: ocho en retaguardia y otros siete tras la línea del frente. En los momentos de necesidad de combatientes se acortaba este periodo.

En octubre de 1936, el regimiento «Dimitroff» contaba con 1.963 hombres, de los cuales 665 pertenecían a los Leones Rojos que, con el tiempo, llegaron a ser 900, repartidos en seis compañías. El citado contingente formó parte de La Columna Burillo que dio origen en el frente de Madrid, el 31 de diciembre de 1936, a la 45ª Brigada Mixta. Los batallones de esta columna que pasaron a dicha Brigada fueron: «Otumba», «Dimitroff», «Voluntarios de Jaén» y «Voluntarios de Murcia».

Asedio al Alcázar de Toledo. 21 de julio - 27 de septiembre de 1936[5]

El batallón de Hilario fue enviado al asedio del Alcázar en la capital toledana, entonces Academia de Infantería y Caballería, formando parte del contingente de refuerzo de los 5.000 milicianos y guardias de asalto que tomarón el control de la ciudad. Ese fue su bautismo de fuego.

A pesar del intenso cañoneo y las bombas que la aviación gubernamental dejó caer sobre el enclave durante 35 intervenciones, la resistencia de los rebeldes era feroz y con tanto empeño en defenderse como el que tenían los atacantes republicanos en someterlos. En el edificio se acantonaron unos 800 hombres armados, mayormente guardias civiles, y con ellos se refugiaron varios centenares de familiares. También hubo prisioneros republicanos que los rebeldes hicieron desaparecer.

Los enfrentamientos fueron casa por casa en los edificios que rodeaban el monumental enclave. Los soldados leales a la República avanzaban entre una lluvia de balas por los tejados buscando una vía de acceso para asaltar el colosal edificio.

Durante uno de esos ataques por cubiertas y azoteas, Hilario y otro compañero caminaban sobre una techumbre que de repente cedió, provocando que ambos se precipitaran por el boquete que se abrió bajo sus pies.

Pese al susto, la caía fue breve y suave. La habitación en cuyo interior se habían caído se encontraba repleta de dinero. Bolsas con miles y miles de billetes de curso legal llenaban sorpresivamente aquel habitáculo. Un dinero que los facciosos almacenaban en secreto y debieron abandonar ante el avance de las milicias. Alegres por no haber sufrido daño alguno los dos soldados se divirtieron saltando y tirando billetes al aire. Tan honesto fue Hilario que ni un billete se metió al bolsillo. Los superiores y autoridades se hicieron cargo del hallazgo, pero nada de aquello trascendió, ni tampoco fueron recompensados.

El enfrentamiento en el Alcázar continuó hasta que la llegada de los sublevados con el Ejército de África, al mando del general José Enrique Varela, obligó a las fuerzas leales a abandonar Toledo de forma precipitada y dando por perdida la batalla.

Mientras el regimiento de Hilario era reubicado y, dada la cercanía de su pueblo, visitó a su familia y a su novia Teresa, aunque su madre, asustada por la plaga de piojos que asolaban al soldado, no lo dejó salir de casa hasta que fue desparasitado y sus ropas hervidas a conciencia. De regreso a su unidad, a finales de octubre, fue enviado al frente de Cuesta de la Reina, en Aranjuez (Madrid).

La guerra en el frente de la Cuesta de la Reina[6]. Octubre-diciembre de 1936

Aranjuez quedó en zona republicana hasta los días finales de la Guerra Civil, pero hubo de presenciar cómo las tropas sublevadas avanzaban y se aproximaban más a la localidad. Así, tras la toma de Toledo por las tropas de Franco, la dirección del ataque se dirigía hacia Madrid, con un ala que avanzaba paralela a la orilla derecha del río Tajo y el Jarama, tomando pueblos como Añover de Tajo y Seseña, para llegar hasta la Cuesta de la Reina, punto de máxima penetración hacia Aranjuez.

El 24 de octubre parten de Añover y de Alameda de la Sagra las tropas rebeldes que ocuparán las localidades vecinas de Borox y Seseña. El 27 de octubre el frente estaba en la línea: Griñón – Cubas – Torrejón de Velasco. Desde Seseña, el día 29 de octubre, el gobierno republicano comienza una ofensiva donde entran en acción aviones y carros de combate soviéticos, con la finalidad de recuperar esta población.

Tras el paso por el frustrado asalto al Alcázar de Toledo, Hilario se encontró en la estratégica Cuesta de la Reina inmerso en una guerra de trincheras, asaltos y escaramuzas, que obligaron a las milicias republicanas a consolidar la zona con fortificaciones en el terreno conquistado para no perderlo, defendiéndolo con uñas y dientes y así evitar el asalto rebelde a Aranjuez.

La guerra se mostraba con su total crudeza. Los combates fueron durísimos. Cavar trincheras, hacer guardias, repeler fuego enemigo, contraatacar con sangrientos asaltos o evitar que la artillería enemiga lo eliminara fue el día a día de Hilario durante los meses que pasó en aquel frente, tan cerca de su casa. Y todo ello a la intemperie del páramo castellano, donde el frío continental helaba hasta el alma.

Al joven combatiente no parece que le intimidara cuanto había padecido durante los primeros meses del conflicto. Por el contrario, la espectacular aparición de los aviones de caza republicanos ametrallando las líneas enemigas o protegiendo a los bombarderos —algo que pudo ver desde la posición que ocupaba— quizás despertó en él un deseo por volar y combatir desde el cielo.

Cuando el gobierno editó una circular solicitando voluntarios para la aviación, no se lo pensó dos veces y cursó la petición para acudir a las pruebas de selección.

El gobierno de Largo Caballero se encontraba inmerso en la reorganización del Ejército Republicano. Las milicias fueron militarizadas y, el 31 de diciembre de 1936, el batallón donde estaba Hilario se convirtió en el 549, incorporado a la 45ª Brigada Mixta, adscrita a la 9ª División, pasando él a formar parte de la 1ª compañía del citado batallón. Su primer jefe fue el comandante de infantería Antonio Rubert de la Iglesia. Con el estancamiento del frente, todo el sector del Tajo fue cubierto por efectivos de la 9ª División, localizándose la 45ª Brigada Mixta en el sector entre Aranjuez y el río Algodor.

El Cerro de los Ángeles[7]. Enero de 1937

La compañía donde había quedado adscrito Hilario fue enviada a reforzar aquel frente de guerra, siendo endosada en las Brigadas Mixtas que allí intervinieron. Sin duda, y por la propia descripción que Hilario hizo de cuanto allí aconteció, supuso el episodio más duro y sangriento en que se vio envuelto durante su incorporación a la infantería. Participó en nueve asaltos, donde la lluvia de balas enemigas buscaba un cuerpo que traspasar, y en otras tantas retiradas que dejaron el campo teñido por la sangre de los compañeros muertos o heridos. Su valor y capacidad de sacrificio estuvieron a la altura de la tarea encomendada y, una vez más, la muerte no se interesó por él, saliendo ileso de aquella batalla y sin herida alguna.

Como ya hemos reseñado anteriormente (más allá de los episodios que Hilario narró con el tiempo a sus hijos y amigos) para mostrar esta parte del relato, nos situaremos en el contexto histórico de aquel momento…

Año 1936. En la superficie del citado Cerro se encontraban varios edificios religiosos: la Ermita de Nuestra Señora de los Ángeles, del siglo XIV, y el Monumento al Sagrado Corazón, inaugurado en 1919 por el rey Alfonso XIII, tras consagrar solemnemente España al Sagrado Corazón de Jesús. También se hallaba el Seminario Diocesano de Nuestra Señora de los Apóstoles, lugar de formación para los sacerdotes que ejercerán su ministerio en la Diócesis de Getafe.

Al inicio de la guerra, el 23 de julio de 1936, cinco hombres con edades comprendidas entre los 19 y 40 años murieron defendiendo el enclave al oponerse a las fuerzas republicanas. Cinco días después, los milicianos llevaron a cabo una «ceremonia», por ellos mismos fotografiada, de fusilar la imagen del monumento a Jesús de Nazaret. Tras ello, procedieron a la destrucción de las esculturas. Primero a mano y, por último, dada la dureza de su material, recurrieron a la dinamita hasta lograr reducirlo a escombros (recordar que el apoyo de la Iglesia católica al golpe militar radicalizó las posiciones en su contra).

La prensa publicó en portada y en primera página las fotografías del episodio y comentó favorablemente el hecho como «Desaparición de un estorbo». El Ayuntamiento de Getafe, en decisión refrendada por el Gobierno de la República, cambió el nombre cerro de los Ángeles por el de «cerro Rojo», nombre que conservó hasta el final de la guerra. Dada su posición estratégica y ante el avance de las tropas sublevadas, en septiembre de 1936 el gobierno de la República ordena realizar obras de fortificación. Los trabajos fueron encargados al general de división e ingeniero militar Carlos Masquelet Lacaci, quien diseñó y llevó a cabo el sistema defensivo de Madrid, basado en una serie de fortines distribuidos en cuatro anillos que rodeaban la capital. Los trabajos realizados en el Cerro de los Ángeles formarían parte del segundo sistema de fortificaciones para la defensa de Madrid. Tratando de adaptarse a la topografía del terreno se construyeron numerosas trincheras y una serie de fortificaciones tipo bunker. Aunque el lugar se encontraba defendido por las tropas gubernamentales, el 6 de noviembre de 1936 las fuerzas rebeldes, dirigidas por el teniente coronel Monasterio, tomarán el Cerro de los Ángeles, dos días después de la caída de Getafe a manos del general Varela.

El 12 de noviembre, el ejército republicano inicia la recuperación del Cerro de los Ángeles. Al día siguiente, la XII Brigada Internacional con base en Albacete y las Brigadas Mixtas 2ª y 5ª lanzan un ataque suicida a plena luz del día. La desorganización, la lluvia y el barro hacen que fracase el asalto y que los carros de combate, T26 rusos, acaben atascados en el barro. Allí mueren más de 270 milicianos y el día 14 se produce la retirada.

La compañía donde se encontraba Hilario estaba incrustada para la ocasión en las fuerzas de Líster y del 18 al 19 de enero de 1937 intentan de nuevo reconquistar el cerro. Esta vez lo hacen de noche, aprovechando una tenue luna que apenas ha iniciado el cuarto creciente. Intervienen la 1ª Brigada Mixta de Líster y la 4ª División de Modesto Guilloto. Entre otras fuerzas presentes está el batallón Tälmann, que ya intervino en el intento de noviembre, y el Edgar André. Después de numerosos asaltos el éxito los acompañó en esta ocasión y además tomaron prisionero al comandante Ricardo Belda y a unos 400 soldados, reclutados obligatoriamente por los rebeldes y sin apenas preparación militar. Tras su captura fueron conducidos a Madrid, juzgados, y puestos en libertad.

Arengados por Dolores Ibárruri «La Pasionaria», volverían al frente luchando por la República. En los tres días siguientes, los mandos militares republicanos Miaja y Rojo no se ponen de acuerdo en cómo consolidar la posición. El enemigo reacciona con varias unidades de legionarios, más los carlistas del teniente coronel Rada, y asaltan el Cerro de nuevo. La República se deja otros 250 hombres. Una vez tomado el lugar por legionarios y regulares marroquíes ya no sería recuperado por las fuerzas leales.

Batalla del Jarama. 6-27 de febrero 1937

A principios del mes de febrero de 1937 daba inicio el asedio del ejército sublevado en el curso del río Jarama, para cortar el paso a las tropas leales. El objetivo era muy claro: aislar Madrid. Aunque el enfrentamiento terminó en tablas el 27 de febrero, aquella batalla pasaría a la historia como una de las más cruentas de toda la Guerra Civil. A principios de 1937, Madrid era una ciudad leal a la República. La capital se encontraba prácticamente rodeada por el ejército nacionalista, que estaba ansioso por cortar la carretera que unía la capital con Valencia. El alto mando sublevado creía que la situación requería de acciones rápidas y contundentes, por lo que planeó una maniobra envolvente sobre la ciudad —con la intención de llegar hasta Alcalá de Henares— para así poder aislar definitivamente la capital y forzar su rendición. Cuando llegó el mes de febrero se desató la batalla —que se preveía definitiva— en las riberas del río Jarama.

Durante la batalla del Jarama, la 45ª Brigada Mixta se encontraba situada en el sector de Aranjuez, por lo que Hilario no tomó parte en los combates, lo que le permitió acercarse a su pueblo y poder ver a su familia y a su novia Teresa. En esos días dos decisiones trascendentales fueron tomadas.

Cabalito

Año 1932

En Villasequilla, con la llegada del mes de mayo, las gentes de la localidad se preparaban para celebrar las fiestas patronales en honor a San Isidro. Siempre en torno al 15 de mayo, que era el día grande reservado para el beatificado labrador.

Las tardes se amenizaban con bailes populares donde chicos y mayores gozaban de la música. En aquel tiempo, los jovenzanos y jovenzanas eran acompañados por alguno de sus padres que, de forma discreta, tutelaban el disfrute de los bailes y las parejas que se iban conformando, en función de que éstos ya se conocieran o quisieran conocerse.

Hilario, que ya contaba con 19 años, era un joven bien conocido en su pueblo. Como portero del equipo de futbol local no pasaba desapercibido para las muchachas de la villa toledana. Sin embargo, no tenía novia conocida y más bien se mostraba retraído a la hora de establecer una relación seria. Eugenio, su padre, lo acompañó al baile. La música sonaba alegre al compás de pasodobles y boleros, sin que Hilario se arrancara a sacar a bailar a alguna de las jóvenes que esperaban. Eugenio observó que su hijo no quitaba ojo a una de las muchachas, pero ni con esas el apuesto futbolista se decidía. Fue su progenitor el que decidió darle el impulso para que invitara a la joven que tanto le gustaba.

Hilario se acercó para hablar con Teresa y le pidió salir a bailar, pero ella, antes de aceptar, le dijo:

— Seguro que tú tienes novia.

— ¡No! ¡No! —dijo él sorprendido.

— Pues entonces «cabalito»[8] —respondió Teresa.

El amor en tiempos de guerra

«Nadie tiene el dominio sobre el amor,
pero el amor domina todas las cosas»
Jean De La Fontaine

Abril de 1937

La primera de las decisiones trascendentales que Hilario y Teresa habían tomado —tras años de noviazgo— y precipitadas por los acontecimientos que se sucedían, fue la de contraer matrimonio civil.

Dada la cercanía del frente con Villasequilla, Teresa se había ido a vivir con sus padres a El Romeral, lugar por el que transcurría la línea férrea a Valencia, donde trabajaba su padre como empleado de los ferrocarriles. Una población algo más alejada de la guerra y cercana a Tembleque, localidad de más entidad y población. Aunque cuando la ofensiva nacionalista arreció con la intención de tomar Madrid, Teresa y varios familiares se desplazaron hasta Aranjuez, siendo alojados por las autoridades en las habitaciones del Palacio de los Duques de Osuna.

El jueves 29 de abril de 1937 contrajeron matrimonio en el ayuntamiento de Tembleque. Un decorado austero y temeroso acompañó el protocolo ejercido por Ruperto Rodrigo, responsable oficial que otorgó legalidad a la unión. Acto certificado por el secretario del Ayuntamiento. Bautista Ruiz Majano, cuñado de Hilario, fue uno de los testigos que firmó el acta del Registro Civil. Al salir del Ayuntamiento, los novios fueron sonoramente felicitados por familiares y un grupo de militares, compañeros de armas del soldado contrayente. El lejano sonido de la artillería puso el contrapunto. La alegría del momento solo era una pausa en el drama donde todos tenían asegurada la participación.

Dicen que la luna llena invita a meditar. La fase lunar que coincidía con aquellas fechas, sin duda, los acompañó en los momentos en que la pareja atisbaba la cercanía de su segunda decisión...

Las Fuerzas Aéreas de la República (FAR)

Cursos de pilotaje en la Escuela de Vuelo y Combate de Alcalá[9]

Apenas iniciada la guerra la República reconoce la perentoria necesidad de fortalecer el Arma de Aviación. Por ello, a mediados de agosto de 1936, el Gobierno español publica en la *Gaceta* un decreto en el que se dispone que, a medida que la designación de profesores, alumnos y material lo permita, darán comienzo en la Escuela de Vuelo y Combate de Alcalá, y bajo la dependencia militar de la Jefatura del aeródromo de Cuatro Vientos, cursos de pilotaje. El número de plazas del primer curso será de veinte, cubriéndose diez con personal civil, elegido entre los pertenecientes al aeródromo de Cuatro Vientos, y diez con mecánicos militares, designados entre los con destino en Getafe, Cuatro Vientos o Alcalá. En sucesivos cursos podrá participar lo totalidad del personal del Arma de Aviación y el perteneciente a las restantes organizaciones aéreas nacionales, civiles o militares…

Situación de la Aviación militar española tras la sublevación

La mayoría de los jefes y oficiales del Arma de Aviación fueron leales al gobierno. El general Miguel Núñez de Prado, que en aquel agitado julio de 1936 viajó a Zaragoza para intentar convencer al general Cabanellas de que no se sublevase, acabó siendo detenido y más adelante fusilado por los sediciosos.

Según diversos investigadores, la mayoría de los aviones existentes y pilotos de combate quedaron del lado republicano. Entre ellos las dos únicas mujeres piloto: Mari Pepa Colomer[10] y Dolors Vives Rodón, que fueron movilizadas y realizaron tareas de formación de pilotos, salidas de vigilancia costera buscando barcos y aviones rebeldes, vuelos de enlace y pagaduría. También fueron fieles al gobierno las cuatro escuadrillas con base en Getafe y Barcelona, y la mayor parte de los aviones de la compañía «Líneas Aéreas Postales Españolas» (LAPE). La Aeronáutica Naval también quedó en manos republicanas, con unos cien aparatos y pilotos. También quedaron de su lado numerosas avionetas y aviones civiles.

Los rebeldes se hicieron con el control de 90 aviones. De estos, no todos eran militares y muchos eran avionetas civiles. De hecho, originalmente los rebeldes solo contaron con 10 cazas repartidos por varios aeródromos. Y de los pilotos militares, 90 se unieron a los sublevados aunque estos también contaron con pilotos particulares (especialmente los del «Aeroclub de Andalucía»). En esta situación los sublevados enviaron emisarios a la Italia fascista y la Alemania nazi solicitando ayuda militar y aviones: Mussolini y Hitler respondieron de buen grado, y con ello dio comienzo el envío de una masiva ayuda militar.

La idea de volar

Como ya hemos citado anteriormente, Hilario había compartido con Teresa la posibilidad de realizar las pruebas para incorporarse a las Fuerzas Aéreas de la Republica. Estando en el frente, le llegó la noticia que publicaba la *Gaceta de la Re-*

pública de 15 de abril de 1937. En ella se daban a conocer las condiciones para acceder a las Escuelas de Vuelo[11]. La fecha límite para la entrega de la documentación en la Subsecretaría del Aire, en Madrid, era el 15 de mayo de 1937. Hilario no perdió un segundo, dicha convocatoria fue el detonante para que recopilara la partida de nacimiento en el Registro Civil de su pueblo y el Certificado de lealtad al Régimen que le proporcionó el comisario de su batallón. La decisión de casarse con Teresa fue la lógica consecuencia ante lo que pudiera ocurrir en la contienda. 14 días después se celebraba la boda.

La respuesta del Ministerio fue rápida y, antes de que terminara el plazo, le era comunicada la aceptación de su solicitud (resaltar que, al tener 23 años, cuando la convocatoria exigía 22 como máximo, el Ministerio fue generoso en su resolución). Sus superiores le entregaron un salvoconducto que le permitía el traslado a La Ribera, Murcia, donde realizaría el examen solicitado. Pero no le dieron de baja en la unidad, porque había que esperar al resultado de dichas pruebas. Tras su boda ya no se incorporaría a su compañía. Además de casarse, la segunda decisión comenzaba a tomar cuerpo y el 18 de mayo de 1937 se incorporó voluntario al curso de piloto militar de aeroplano.

Pero, ¿qué motivó realmente tal osadía? Pues no puede calificarse de otra manera el intento que Hilario hace para dar un giro radical a su situación en la guerra. Tras la boda, la fotografía que le realizan para el libro de familia delata la imagen de un joven con claros signos de envejecimiento emocional. Los meses de guerra transcurridos —todos en primera línea del frente— llenos de carencias y sufrimiento, sin duda, le habían marcado extraordinariamente.

Como ya hemos descrito, Hilario no se explayaba en explicaciones. Algo fácil de justificar, pues la prudencia era la guía elemental a seguir durante la temible etapa franquista, y tampoco fue partidario de escribir sus experiencias. Cuando su hijo primogénito le preguntaba sobre las muertes de enemigos en el frente, callaba. Respecto a los combates aéreos también lo hacía o únicamente comentaba que nunca disparaba al piloto contrincante, sino al avión.

De nuevo, y para ser más gráficos, debemos recurrir a los sentimientos que al respecto relataron algunos de sus compañeros de vuelo, como Miguel Ángel Sanz que en su libro de memorias dice[12]: «en el ejército de tierra te das cuenta de que puedes morir como un perro en todo momento...que nadie vendrá a darte las gracias por haber sacrificado tu vida».

Escapar de las penalidades experimentadas por el soldado de a pie se convirtió en una razón importante para enrolarse en las Fuerzas Aéreas de la República, como se deduce de una intensa narración compartida —y muchas veces descarnada— de la experiencia de lucha en unidades de infantería. Buena parte de aquellos nuevos pilotos combatió previamente en las trincheras durante la batalla de Madrid u otros lugares, como fue el caso de Hilario. En línea con este argumento pragmático, pudo quedar resaltada una imagen extendida de los privilegios propios de los pilotos de guerra como uno de los factores que le animó a ingresar en las FAR. Y que sin duda motivó a otros muchos.

En el caso de Hilario veremos que algo en él era innato al hecho de volar. Sin duda alguna, en su interior, albergaba ese sentimiento. Las especiales circunstancias que se presentaron ante él hicieron posible que un joven intrépido y valiente de provincias y sin acceso a los requerimientos para acceder a un título de aviación en circunstancias normales pudiera realizar ese sueño.

Murcia. 18 de mayo de 1937-mayo de 1938. Segunda región aérea. Las Escuelas de Aviación en España[13]

Al iniciarse la guerra, la escuela de Alcalá de Henares se mantuvo activa hasta que la proximidad del frente hizo necesario su traslado. En enero de 1937 se reorganizó la Aviación Republicana. Murcia quedó sin frente propio, potenciándose sus funciones de anteguerra, las propias del Mando de Instrucción. Tras un estudio exhaustivo se llegó a la conclusión de que Murcia reunía las condiciones idóneas para albergar el núcleo de la formación aeronáutica. Por ello la selección de candidatos y la Capacitación Teórica se realizó en el monasterio de Los Jerónimos.

La Escuela Elemental se radicó en el complejo Alcantarilla-El Palmar, donde volaban el DH-60 Moth Major y el viejo Avro 504-K. Después los alumnos se trasladaban a La Ribera-San Javier, sede de la Escuela de Transformación que se hacía en los Breguet XIX e Hispano E.30 y determinaba la especialización del aviador. Los pilotos de caza permanecían en este campo para integrarse en la Escuela de Caza y Combate, compuesta de varios grupos de aprendizaje. En la cercana localidad de El Carmolí se ubicaban tanto la Escuela de Alta Velocidad, en la que se realizaba el aprendizaje de vuelo en el UTI-4 y el Polikarpov I-16 (Tipo 5/6), como la Escuela de Vuelo Nocturno, a donde se enviaba a los pilotos con visión excepcional para volar el Hanriot 182, el Breguet XIX y el Koolhoven FK-51.

Cuando los aviadores acababan el Curso de Caza eran destinados al Cuadro Eventual a la espera de ser destinado a una escuadrilla de combate; mientras tanto, realizaban vuelos de entrenamiento con el MS-230, la Caudron Aiglon y Luciole, Gil Pazó 1 y gastados Polikarpov I-15 retirados del frente. En total se formaron 441 aviadores militares.

La Escuela de Polimotores se instaló en Totana y la de Observadores e Hidros en Los Alcázares. Más adelante, en septiembre de 1938, los aparatos de San Javier se llevaron a la Escuela de Alcantarilla, lugar que fue un importante centro de montaje del material volante procedente de la Unión Soviética, llevándose a cabo la construcción de una línea de ferrocarril que, partiendo de la estación de Pacheco, unía las bases de La Ribera y Los Alcáceres a la línea general de Cartagena a Madrid. Por la misma se efectuará el transporte del material desembarcado en el puerto de Cartagena. Cuando en dicho puerto no había barcos los franquistas pasaban los ataques a los aeródromos. Después de descargar sus bombas en Cartagena se dirigían a Los Alcázares y La Ribera como último objetivo militar, que no podían cumplir por la defensa de las baterías antiaéreas de los referidos aeródromos.

El periodo de formación podía variar según las circunstancias. Hubo cambios de planificación, de mandos, de aviones y un largo etcétera que afectaron a los periodos de instrucción.

Al no disponer del libro de vuelo de Hilario, debemos deducir por los libros de otros compañeros cómo pudo ser su paso por los distintos lugares de formación, aunque no se puede concretar con exactitud la duración en los mismos. Por ello, nos remitiremos, siempre de forma aproximada, al periodo comprendido entre mediados de mayo de 1937 y finales de mayo de 1938, tiempo transcurrido desde su ingreso formativo y el destino a una escuadrilla de caza.

Las clases teóricas, instrucción y preparación física

Las recibían en el Monasterio de Los Jerónimos, lugar que el gobierno de la República Española dispuso como centro de instrucción básica para reclutar nuevos pilotos militares. Para llegar, los aspirantes tenían que buscarse la vida por su cuenta. Lo más práctico era viajar hasta Albacete en convoyes militares y, después, en tren a Murcia capital.

Como tantos aspirantes, Hilario pudo conocer el mar y bañarse en el agua salada del Mar Menor de Murcia por primera vez.

Según explica Manuel del Rio Martín: «En esta escuela, realizamos un curso de Instrucción Militar con los conocimientos básicos de cabo, suboficial y oficial, además de gimnasia, tanto sueca como de aparatos. También realizábamos carreras de velocidad y de obstáculos. Una de las pruebas más duras que hacíamos era una carrera de varios kilómetros con una careta antigás que dificultaba bastante la respiración normal. El examen final en esta escuela era hacer evolucionar una compañía de soldados por el campo de instrucción a toque de corneta y situar a la misma enfrente del tribunal examinador en posición de descanso».

El examen médico

Una vez superado el ejercicio teórico, que solía aprobar un setenta y cinco por ciento de los candidatos, se pasaba a lo más difícil, la prueba físico-médica, que era muy exigente. Por lo más mínimo el aspirante quedaba fuera.

Se iba pasando de uno en uno. Cada aspirante llevaba con él una especie de expediente e iba pasando de especialidad en especialidad. El examen médico tardaba una hora o más, porque era muy exhaustivo.

El primer examen que hacían era el de vista y oídos. Allí ponían las clásicas letritas, los cuadraditos, que unos estaban abiertos hacia arriba, otros hacia abajo, derecha, etc… En el suelo había una línea marcada y hacían dar pasos hacia atrás hasta llegar a la pared de la consulta. Aquellos que la veían al final eran considerados con una vista excepcional. Después la Neumología, la capacidad torácica etc. Aproximadamente, solo pasaban un treinta por ciento de los aspirantes.

Para Hilario no fue problema superar el examen teórico y de preparación física por su condición de deportista y el paso por el frente de guerra. El examen médico tampoco lo fue y, como veremos más adelante, su extraordinaria vista no debió pasar desapercibida por los doctores.

El curso de piloto y la Escuela Elemental de Vuelo

Una vez finalizado su paso por Los Jerónimos el destino siguiente fue a los aeródromos de Alcantarilla y El Palmar, donde se encontraba la Escuela de Vuelo Elemental. Lo primero que solían hacer los recién llegados era realizar una visita a los hangares, como primer contacto con los aviones. En días sucesivos, recibían lecciones explicativas de las partes de que se componía un avión exteriormente, los mandos del avión y el funcionamiento de éstos, la subida y bajada a las cabinas, el paracaídas, la colocación del mismo en la espalda o el asiento. Los aviones eran aparatos de entrenamiento con doble mando, en los que iban el instructor y el alumno y representaban el bautismo del aire que recibían los aspirantes a pilotos durante un mes aproximadamente. Pasados unos días y, habiendo realizado vuelos de quince a veinte minutos para irse familiarizando con el avión, se acercaba el momento esperado de volar en solitario. Previamente, había sesiones de setenta minutos de vuelo con numerosa toma de tierra y, la última, de sesenta y cinco minutos de vuelo y unas quince tomas de tierra[14].

Por fin y, aunque no sabemos el día exacto, el instructor preguntó a Hilario si estaba dispuesto. Sin duda, el oficial le dijo lo mismo que a otros de sus compañeros: que no se preocupara, que iba a volar solo porque tenía la seguridad de que estaba preparado para ello. Que actuara como si le tuviera a él delante de la cabina y que vería como todo iba a salir bien.

No sabemos qué tipo de avión —de entre los numerosos que utilizaban— piloto Hilario, pero de lo que no hay duda es que rodó hasta la zona de despegue, metió gases a fondo y despegó con decisión. La emoción tuvo que ser indescriptible y, con los cinco sentidos excitados al límite, voló y voló haciendo virajes, sintiendo la libertad de ser el dueño de un cielo infinito. Tras realizar varias tomas de tierra, llevó el avión hasta la zona de estacionamiento. Después, las felicitaciones de los instructores y compañeros. Durante la noche no le sería fácil conciliar el sueño, la adrenalina aun fluiría por su sangre, y la visión del emocionante vuelo se repetiría en su mente de forma insistente. Tras el citado curso se recibía la graduación de cabo.

Incidentes y accidentes

Por el propio Hilario conocemos algunos de los incidentes y accidentes que se produjeron durante aquellos vuelos. Respecto a los incidentes, éstos se producían por la propia diversión de los pilotos —incluido Hilario— pues era típico que cuando veían un rebaño de ovejas se lanzaban en vuelos rasantes que espantaban al ganado y acababan con la paciencia del pastor, que se presentaba en las instalaciones militares para quejarse. Tras la reprimenda de rigor no tardaban en enfadar al siguiente pastor.

Los accidentes fueron también numerosos. El propio Hilario comentaba el de un compañero al que pusieron de mote «Popeye», que por querer impresionar a su novia que vivía en alguno de los pueblos cercanos, hizo un vuelo rasante y se estrelló contra la torre de una iglesia, falleciendo en el acto.

Como iremos comprobando sucesivamente, Hilario irá mostrando su versión más temeraria, en línea con su determinación y compromiso adquirido con las Fuerzas Aéreas de la República. Con sus decisiones personales, pondrá a prueba la solidez de su carácter ante unas circunstancias cada vez más difíciles.

Sueños delatores

Durante su formación como piloto tuvo un compañero de litera que, cuando se dormía, hablaba en sueños. Durante dicha vigilia, relataba cómo y cuándo pensaba desertar para pasarse a los nacionales.

Hilario, conocedor de todos los detalles que su compañero exponía cada noche, supuso que pronto iba a llevar a cabo la deserción. Sin embargo, nadie podía estar seguro de que aquellos sueños se ajustaran a la realidad. De todas formas, le dijo: «Que tengas suerte. Yo no te voy a delatar». No sabemos qué pasó después. Aunque es de suponer que la cara de aquel piloto debió ser un poema…

Teresa en Alcantarilla

Teresa no estaba dispuesta a pasar la guerra con la incertidumbre de no saber qué era de su esposo. Tras salir en tren desde El Romeral, se acercó por sus propios medios hasta la localidad de Alcantarilla, situada a escasa distancia del aeropuerto militar donde Hilario aprendía a volar. Se presentó caminando en las instalaciones militares y preguntó por su esposo. La visita resultó una gran sorpresa, no solo para Hilario, pues allí las noticias también volaban.

La situación en aquella España no era la mejor para hacer turismo e incluso visitas familiares, pero deducimos que Hilario percibía un sueldo más alto que la tropa normal[15], lo que hacía que Teresa tuviera los recursos económicos para el alojamiento.

Pudiera parecer que a Teresa la vida se le haría monótona en Alcantarilla, pero pronto comprobó que el intenso movimiento de aviones mantenía inquietos a los paisanos del lugar. Éstos intentaban acostumbrarse a los numerosos accidentes que se producían durante los entrenamientos. Algunos, incluso mortales.

Teresa caminaba todos los días hasta la verja que delimitaba el campo de aviación. Como no podía acceder a las instalaciones, un hortelano, que trabajaba los campos cercanos, informaba a Teresa de los incidentes diarios: «No, Hilario no ha tenido ningún accidente», le decía, y Teresa se marchaba más tranquila, hasta el día siguiente que repetía la visita. Con el traslado de Hilario a San Javier-Santiago de la Ribera, ella regresó a El Romeral, aunque periódicamente se desplazaba para visitarlo.

San Javier y Santiago de La Ribera tras el golpe militar de julio de 1936

Las dotaciones leales a la República de la base de San Javier participaron en la toma de Albacete, intervinieron en Ibiza y Mallorca y en los frentes de tierra, sobre todo en Andalucía: Málaga, Córdoba, Almería y Granada. Con ellos actuaron las milicias de San Javier, organizadas por el teniente de alcalde Salvador Escudero, que destacaron en Iznalloz (Granada).

En la base se hicieron cursos de pilotos para jóvenes españoles, mayores de 18 años y menores de 21… En octubre de 1936 acogió la Escuela de Pilotos y los talleres anexos procedentes de Alcalá de Henares, incrementándose el personal civil con el procedente de los aeródromos de Getafe y Cuatro

Vientos. En diciembre de 1936 se instaló la escuela de Hidros de Barcelona[16].

Escuela de Transformación en Santiago de la Ribera 1937[17]

Santiago de la Ribera es una pedanía de San Javier y lugar donde se encontraba la citada Escuela. Allí comenzaban los pilotos los ejercicios de acrobacias. En San Javier se hallaba también la base de hidroaviones.

A los que no eran capaces de soportar las acrobacias se los enviaba a la Escuela de Polimotores, que se encontraba también en Murcia, concretamente en la localidad de Totana, para formarse como pilotos de bombarderos. No fue el caso de Hilario, que prosiguió en 1937 con su formación y, una vez más, recurriremos al testimonio de uno de sus compañeros para acercarnos a lo que pudo ser su vida allí. Así explica Ernesto Marimón su paso por la Escuela de Transformación: «Con la terminación del Curso Elemental de Vuelo fui ascendido a cabo y, seguidamente, fui trasladado a La Ribera, para efectuar el Curso de Transformación con Aviones de Guerra, el día doce de diciembre de 1937. Se comenzó con el avión Breguet XIX. Era totalmente diferente al vuelo de las avionetas, como se comprenderá fácilmente, comparándolo con los aviones de guerra. El comportamiento de los aviones con motores de gran potencia era distinto y ello te iba dando poco a poco experiencia. El examen de este curso de transformación consistía en efectuar veinte pasos por la vertical de uno de los hangares, en cuyo tejado había una abertura que contrastaba si el paso había sido correcto o no.

El curso tenía una duración de veinte días, con veinticuatro horas de vuelo y ciento cuatro aterrizajes, en mi caso particular. Incluido en este curso, se hacía con avioneta el viaje de navegación, cuya ruta tenías que trazar tú mismo en el mapa. Mi viaje fue: La Ribera, Murcia, Alicante, La Ribera, con dos horas de duración, con toma de tierra y despegue en Alicante. Distribuíamos nuestro tiempo en vuelos, instrucción, mandando un pelotón o formando parte de él cuando no te tocaba estar al mando, y las clases de aerodinámica, navegación y balística. Por las tardes había estudio unas horas y asueto hasta la hora de la cena. Nuestro alojamiento estaba en las compañías de la base, en camas de dos pisos, lo mismo que en Alcantarilla. Hacíamos guardias, pero no imaginarias».

La Escuela de Alta Velocidad y Cuadro eventual hasta mayo de 1938

La llamada Escuela de Alta Velocidad de El Carmolí, citada en numerosos relatos, era básicamente la escuela de entrenamiento en Polikarpov 1-16 «Mosca» para los pilotos de formación puramente española y de reentrenamiento para los llegados de la URSS con el curso hecho o transformados desde el Polikarpov I-15 «Chatos», pero que ya habían volado en unidades (muy pocos). Constaba de cuatro UTI-4 de doble mando del «Mosca» y cuando mucho media docena de Polikarpov 1-16 monoplazas por término medio, pues el número era muy variable. En Rusia los biplaza tenían el tren retráctil desde la cabina trasera, la del alumno, que era la cabina original en el avión, básicamente un monoplaza arreglado. Pero algunos UTI-4 en España fueron de tren fijo.

Una vez superada la Escuela de Transformación se ingresaba en la Escuela de Caza, que estaba en El Carmolí. Hilario fue trasladado al pabellón de suboficiales (posiblemente en San Javier, distante a 17 km de El Carmolí), donde eran alojados en habitaciones con dos o tres camas. Una importante mejora en la calidad habitacional, respecto a la convivencia realizada en pabellones o compañías hasta ese momento.

La Escuela de Caza y Combate se componía de varios grupos de aprendizaje: Grupo 1º: Pérdidas y virajes a la vertical con la Caudron Aiglon, Morane Saulnier MS-181 y DH-60; Grupo 2º: Acrobacia elemental con la Morane Saulnier 341 y el Koolhoven FK-51; Grupo 3º: Acrobacia media en Caudron C-600, Morane Saulnier 230 y FK-51; Grupo 4º: Alta acrobacia, simulacros de combate, formaciones y tiro en el Hispano-Nieuport 52, Focke Wulf Stosser, Dewoitine 27, DH-82, y Romano 82[18].

Todos estos aparatos debían ser volados por los alumnos antes de realizar el aprendizaje de vuelo en el Polikarpov UTI-4 (I-16 de doble mando) y el Polikarpov I-16 (Tipo 5/6)

De nuevo recurrimos a Marimón que, en su relato, describe con detalle cómo era la formación que recibían:

> El curso de caza se componía de cuatro grupos con diferentes aviones y profesores. Los combates entre nosotros resultaban muy emocionantes, ya que los hacíamos con aviones de caza Nieuport. En los cursos de acrobacia se realizaban toda clase de ejercicios, empezando por el más elemental, que era el looping, llamado en nuestro idioma el rizo, seguido por toneles, medios toneles, barrenas, combinaciones de medio rizo con medio tonel o viceversa. Era para nosotros una verdadera diversión. Luego realizábamos tiro contra tierra, formaciones de patrullas con dos o tres aviones… Los aviones volados fueron en total 18 tipos diferentes. He de decir a este respecto que esa diversidad de aviones que volamos los que hicimos el curso en España nos proporcionó, sin duda alguna, una experiencia muy importante.

Desde que se iniciara la guerra hemos visto cómo la vida militar de Hilario se ha ido intensificando. Si duras fueron las acciones militares en el frente de trincheras, las emociones inherentes a la preparación para convertirse en un piloto que manejara el avión de caza más rápido y moderno del momento escalarían posiciones de altura, y nunca mejor dicho, como veremos a continuación.

Su arrojo no se había depreciado un ápice, por el contrario, lo más duro, e incluso inverosímil, estaba por llegar. Como anécdota deportiva y contado por el mismo Hilario, sabemos que durante su paso por la formación aérea formó parte de uno de los equipos de fútbol compuesto por aviadores jugando de portero, igual que en su vida civil, y que los partidos fueron muy disputados.

Accidentes en El Carmolí[19]

Aunque es posible que algunos de estos accidentes correspondan a pilotos y aviones de las Escuadrillas destacadas allí, los siguientes se refieren a aviones «Mosca» monoplazas o biplaza en los alrededores del campo:

—José María Marcos, haciendo acrobacia, junio 1937.

—Antonio Medina, que se estrelló contra el mar haciendo acrobacia sobre el Mar Menor en formación en julio 1937 con Miguel Plaza, compañero del anterior y caído en el mismo accidente.

—Gonzalo García San Juan con el CM-014, siendo profesor, al desprendérsele un plano en una pasada, el 1 de septiembre de 1937.

—El profesor Justo García Esteban con el alumno Pedro Feliú Badalo, en un biplaza, por pérdida de velocidad el día 30 septiembre 37.

—Romualdo Suarez, haciendo acrobacia, diciembre de 1937.

—Ramón Candel, por rotura de hélice.

—Francisco Rodríguez, al despegar por alarma, entra en pérdida. Mayo de 1938.

—Ramón Castañeda Pardo en un biplaza UTI-4 como profesor con el alumno Miguel Rodríguez Iriondo, tomó tierra violentamente en aguas poco profundas cerca del campo. El avión se quedó hundido de morro, con la cola hacia arriba. Fue a causa del mal tiempo en agosto 1938

Rómulo Negrín Mijailov

A finales de diciembre de 1937, Hilario recibe la noticia de que va a tener de compañero de habitación al hijo del presidente del Gobierno de España, Juan Negrín. Efectivamente, su hijo Rómulo había ingresado en la FAR y enviado en la segunda promoción que se marchó a la Unión Soviética, recibiendo formación en Kirovabad (Azerbaiyán). Los componentes de dicha promoción fueron regresando a España entre noviembre de 1937 y febrero de 1938. Rómulo llegó a finales de 1937 para reentrenarse antes de ir a la guerra[20]. En su caso, volando en una escuadrilla de caza con el modelo I-15 «Chatos».

Rómulo siempre se negó a recibir trato de favor y convivió como compañero de habitación en perfecta armonía con Hilario, durante el tiempo que estuvo reentrenándose. En este caso, sí contamos con su testimonio y sólo tuvo buenas palabras y un grato recuerdo para aquel distinguido compañero. Como veremos más adelante, no fue ésta la única coincidencia de Hilario con la familia Negrín.

Vicente Fernández-Escribano García

En abril de 1938 se incorporó al curso de caza el joven Vicente Fernández-Escribano García, que aún no había cumplido los dieciocho años, siendo seis años más joven que Hilario. Un nuevo compañero de habitación con el que fraguó una amistad que duró para siempre.

Vicente, alegre y bromista, poseedor de una gran memoria, tenía un carácter más templado que Hilario. Sin duda se complementaban.

En el mes de mayo, llegó Teresa para visitar a su marido y darle una gran noticia: iban a ser padres.

Durante el poco tiempo de asueto que tenían por las tardes, Hilario y Teresa acostumbraban a pasear. Vicente los acompañaba muchas veces y, señalando el vientre de Teresa, le decía: «Aquí está el pilotito».

El niño, al que sus padres llamaron también Hilario, nació el 7 diciembre de 1938. Después de terminada la guerra, Vicente Escribano siempre comentaba que, sin duda, el de Hilario fue el primer hijo de un piloto de las FAR nacido durante la contienda, y después su propia hija, siempre según el criterio del propio Vicente. Cuestión difícil de comprobar, aunque posible.

Luis Sirvent Cerrillo

1938. Fotografía de Luis Sirvent proporcionada por Carlos Lázaro Ávila.

Ingresó en Aviación en abril de 1937. Perteneció a la 2ª Expedición de Kirovabad. Hilario coincidió con él en la 3ª Escuadrilla. A Sirvent se atribuye el derribo de García-Morato (as de la aviación franquista) el 3 de octubre de 1938. Aquel combate le obligó a un aterrizaje forzoso.

Aquel día fueron evacuados varios pilotos en una ambulancia de la 3ª, entre ellos Luís Sirvent Cerrillo (con la cara y las manos quemadas), Vicente Beltrán Rodrigo, Francisco Paredes Martínez, que había capotado y sufrido conmoción cerebral, y Antonio García Cano, con una herida en la pierna[21].

Hilario recordaba que, tras aquel terrible suceso, a Sirvent, con el que se llevaba muy bien, le apodaron «Caraquemada». Con la creación en España de la Asociación de Aviadores de la República, Luis Sirvent fue otro de los compañeros con quien se reencontró en las reuniones que organizaban.

Incidente con los instructores rusos

Los rusos, buenos pilotos y con bastantes horas de vuelo, tenían el cometido de luchar en España y reentrenar a los aviadores españoles cuando regresaran de las escuelas rusas, una vez terminado el curso que habían realizado allí. Su experiencia en el conocimiento de los aviones que volaban se manifestaba en un aire de superioridad en su comportamiento y, aunque la barrera del idioma no permitía la conversación para aclarar los asuntos entre ellos y los españoles, flotaba en el aire un antagonismo, fruto principalmente de la juventud de todos, pues, aunque los soviéticos eran algo mayores, la diferencia de edad era de pocos años. Y eso que decimos los españoles de «no dejarnos pisar», unido a la aventura de una guerra, en la que nadie está dispuesto a hacer concesiones de ningún tipo, por aquello de que «cada día puede ser el último» y otras justificaciones, hizo que del roce saltara la chispa.

Sería muchos años después cuando Vicente Fernández Escribano contaría al hijo mayor de su amigo Hilario lo sucedido durante aquellos días en que su padre era un torbellino de emociones, inquieto por salir a su destino en la guerra. Los hechos sucedieron así: Una tarde, Hilario, Vicente y otros compañeros se juntaron en el salón donde los pilotos podían jugar o tomar algo. Como siempre, los rusos se ponían aparte, despreciando, quizás inconscientemente, a los españoles con los que no se juntaban salvo para las horas de vuelo instructivo. Como suboficiales, los pilotos llevaban consigo su arma reglamentaria, una pistola Astra 400. Un verdadero pistolón que imponía si se desenfundaba. Hilario se estaba hartando de aquellos «chulitos», así que aquel día no pudo más y se fue hacia los rusos. Desenfundó su pistola y, señalándoles la puerta, les gritó que se largaran de allí y no regresaran más a la sala. El revuelo fue monumental. Los compañeros de Hilario se lanzaron hacia él y lo agarraron, llevándoselo de allí. Los rusos, impresionados, no dijeron nada del incidente, librando a Hilario de un castigo e incluso la expulsión como piloto. El caso es que, el día a día con los fríos soviéticos mejoró, y estos se comportaron con más «amabilidad».

Un vuelo de altura y un picado al límite

Hilario sabía que pronto sería designado para incorporarse a una de las escuadrillas de caza compuesta por los aviones rusos Polikarpov I-16. Pero ¿cómo eran aquellos aviones?...

Denominado «Mosca» por el ejército leal, era uno de los aviones más rápidos del mundo, y también el más complicado de manejar. En aquellos momentos era el único que podía hacer frente a la aviación de caza alemana e italiana. El Polikarpov I-16 no despegaba hasta los 180 kilómetros hora y las tomas de tierra se hacían a 160 o 170 kilómetros hora. Esto traía consigo el tener que centrarse al hacer estas maniobras porque a la mínima, venía la destrucción del avión y en muchos casos la muerte del piloto.

Cuando entró en servicio en 1935 era el primer caza monoplano de tren retráctil que lo hacía en el mundo. El motor más común de estos cazas era el M-25A de 730 hp. Algunos de los aparatos de esta versión enviados a España fueron provistos del motor estadounidense Wright Cyclone F.54 de 775 cv. Su velocidad de crucero era de 300 km hora y la máxima de 455 km hora. Su techo de vuelo 9.000 metros.

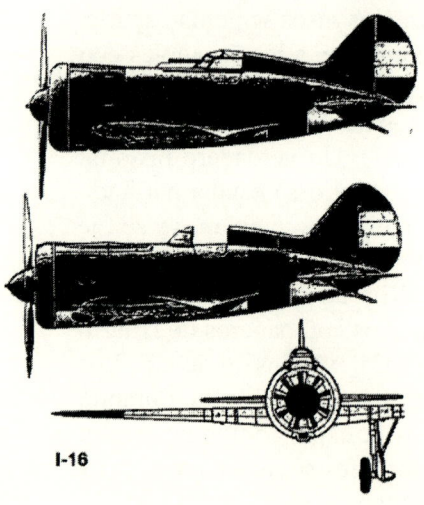

I-16

Alcance: 810 kilómetros (tipo 4); 820 (tipo 6) y 795 (tipo 10).
Altura: 2,56 metros.
Envergadura: 9 metros.
Armamento: dos ametralladoras *Shkas* de 7,62 milímetros (una en cada plano) (tipo 6); (tipo 10) se instalaron otras dos armas de calibre similar sobre el capot, sincronizadas con la hélice, marca PV-1.
Capacidad ascensional: 5.000 metros en 6,2 minutos (tipo 4); en 6,18 (tipo 6) y 6,30 (tipo 10).
Longitud: 5,70 metros.
Peso total: 1.460 kilogramos (tipo 4); 1.600 (tipo 6) y 1.710 (tipo 10).
Peso en vacío: 1.200 kilogramos (tipo 4); 1.300 (tipo 6).
Superficie alar: 14,54 metros/cuadrados.
Techo práctico: 9.200 metros; efectivo 5.000 metros (tipo 6) y 10.000 (tipo 10).
Velocidad máxima: 454 kilómetros/hora a 3.000 metros; 450 (tipo 6) y 464 (tipo 10).

Durante uno de los vuelos de preparación, Hilario decidió probar cuán alto podía subir con aquel aparato. De sobra sabía los límites en los que podía operar sin oxígeno, al igual que por las bajas temperaturas, ya que no llevaba calefacción y la cabina era abierta. Pero, como hemos resaltado en anteriores ocasiones, a este soldado pocas cosas se le ponían por delante, y decidió subir y subir...Realmente, ni él supo que altura alcanzó, aunque por las consecuencias podemos suponer que superó los 5.000 metros. Sea como fuere, los síntomas propios de la hipoxia (falta de oxígeno) se apoderaron de él y se desmayó en pleno vuelo. Aquello propició la pérdida de control del aparato y un descenso en barrena que podía alcanzar los 700 km/h. Pero, como ya era habitual, la muerte no estaba interesada en él. Despertó a tiempo y se hizo con el control del avión, aterrizando sin problemas, salvo los físicos, ya que sangraba por ojos y oídos. La suerte, unida a una excelente complexión física y la intensiva preparación como piloto, hicieron que aquello no alcanzara la calificación de «tragedia».

Llegó el día esperado

El jueves 26 de mayo de 1938, tras una larga formación de un año y por las aptitudes demostradas, Hilario recibió el título de piloto de caza. Tras un breve permiso se incorporaría al frente de guerra. Relación de pilotos sargentos que fueron nombrados el mismo día que Hilario y alguno de sus destinos e incidencias. Las antigüedades podían variar un día[22]:

> Circular. Excmo. Sr.: Por reunir las condiciones que determina la orden circular de 4 de diciembre de 1936 (Gaceta de la República número 341) he resuelto otorgar el título de piloto militar de aeroplano, con la antigüedad que a cada uno se les señala, a los alumnos que a continuación se relacionan y concederles el empleo de sargento de Aviación, con arreglo a lo determinado en la disposición referida, en el disfrutarán la antigüedad antes expresada con efectos administrativos a partir de primero del corriente mes.
> *Se adjunta con el nombre el destino y otros datos adicionales ajenos al Diario Oficial.*
>
> **Antigüedad de 25-26-27 de mayo de 1938**
> -D. Ángel Fernández García. 1ª Escuadrilla. Grupo 26. Polikarpov I-15 «Chatos». Solicitó asilo en México al finalizar la guerra.
> -D. Cruz Jiménez Romero.
> -D. Clemente Partida Hernández.
> -D. Patrocinio Romero Vallhonralt. 2ª Escuadrilla de Polikarpov I-15.

-D. Hilario Hinojosa Huete. 3ª Escuadrilla Grupo 21. Po-likarpov I-16
-D. Julio Llanos La Cruz. 3ª Expedición de Kirovabad.
-D. Francisco Sardina Moreno. Dado de baja por falta de aptitud en agosto de 1938
-D. Antonio Guardia Martínez.
-D. Miguel Gutiérrez Molina. 1ª Escuadrilla de caza. Grupo 26. Polikarpov I-15
-D. Fernando Santos Monteagudo. Vuelo nocturno. Polikarpov R5 Rasantes.
-D. José Fernández Martínez. Ascendió a teniente. Solicitó asilo en México al finalizar la guerra.
-D. Manuel Rodríguez Rodríguez.

Hilario Hinojosa Huete.

La 3ª Escuadrilla de Caza junio-octubre 1938

«Cada vuelo, cada combate, son una fuente de experiencia que alumbra la habilidad, aumenta un poco más la confianza del piloto en sí mismo. El deseo de volar crece a medida que pasa el tiempo. Las exigencias son infinitas en el manantial de la lucha por la vida y, el goce del retorno, que aunque siempre es corto y aburrido, se parece al despertar de un sueño de pesadilla, donde se confunde el pavor de la muerte con la alegría de la existencia. El volver a pisar tierra es como un beso de la novia que se creía perdida».

Francisco Meroño Pellicer. Piloto de Caza. Capitán.[23]

Creación de la 3ª Escuadrilla de Caza

El 10 de abril de 1938 el teniente piloto José María Bravo Fernández fue nombrado jefe de la recién reorganizada 3ª escuadrilla, perteneciente a la Escuadra nº 11 de Caza, Grupo 21, en Monjós (Barcelona). Formaron parte de la unidad Francisco Tarazona Torán como segundo jefe, José Alarcón Ríos y Restituto Félix Toquero Burillo como jefes de patrulla y Pedro Utrilla Hernández, Luis Sirvent Cerrillo, Andrés Fierro Menú, Vicente Yuste Gorbatón, Vicente Beltrán Rodrigo y Francisco Paredes Martínez como puntos. Es este periodo el de los primeros meses de 1938 de intensos combates en el que caen muchos pilotos, lo que implica la incorporación de otros nuevos. Y, además, la 3ª fue siempre una escuadrilla muy activa, de las que estuvo en todos los frentes, actuando a razón de cinco o seis salidas diarias, aunque no siempre con los mismos pilotos[24].

Aeródromo de Sagunto. Miércoles 1 de junio 1938

Hilario fue enviado a la 3ª de Polikarpov I-16 «Mosca». En compañía de un pequeño grupo de compañeros se presentó al servicio en el aeródromo de Sagunto.

Francisco Tarazona Torán, segundo jefe de la 3ª Escuadrilla[25] (*Sangre en el cielo,* edición de México y *Yo fui piloto de caza rojo*, en España) nos relata su llegada: «Salimos a proteger «Katiuskas». Van a bombardear San Mateo y la Jana. Los resultados son excelentes. Al aterrizar, nos enteramos de que un nuevo grupo de pilotos ha llegado a la tercera escuadrilla».

Allí los recibió el teniente José María Bravo Fernández-Hermosa, el joven, pero ya veterano oficial, que había recibido la responsabilidad de reorganizar la 3ª Escuadrilla.

Situación en el frente. La ofensiva del Levante

Las fuerzas de Franco pretendieron reeditar el éxito de la campaña de Aragón y pensaron que Valencia estaba a su alcance como un paseo militar. Del 23 de abril de 1938 al 25 de julio se desarrolla la ofensiva nacionalista.

La presión en el frente sobre las fuerzas leales era terrible. Igualmente, las Fuerzas Aéreas de la República estaban sufriendo un gran desgaste en hombres y material, debido a la superioridad en el aire por parte de los numerosos aviones italianos y alemanes.

La llegada de aviones desde Rusia se hacía dificultosa y Francia no facilitaba lo que llegaba a sus puertos, bloqueando la entrega del material en la frontera. La fábrica de Sabadell, en la que se construían los I-15 «Chatos» con licencia y los diversos talleres se afanaban en montar nuevos equipos y reparar los aviones dañados. La actividad en los aeródromos por parte de mecánicos y demás operarios era titánica.

La necesidad de pilotos llevó al mando aéreo a enviar al frente de guerra a la reciente hornada de aviadores, entre los que se encontraba Hilario, y en su caso sin pasar previamente por la Escuela de Vuelo Nocturno, que formaba parte de la exhaustiva formación aeronáutica prevista para aquellos pilotos calificados con una vista excepcional.

La defensa de Valencia[26]

Según Jesús Salas Larrazábal, la fortaleza de los Grupos 21 y 26 de las FAR el primero de junio la conocemos por su traslado desde Cataluña a los aeródromos de Levante, a los que bajaron entre el 30 de mayo y el 1 de junio, 46 I-16 y 52 1-15 y nueve «Moscas» (Escuadrillas primera a quinta, con 11 aviones de promedio) y 16 «Chatos» (Lo que fue posible porque Reus y Sabadell entregaron 14 «Chatos» y 19 en el mes de mayo) adicionales entre los días 7 y el 23 de junio, lo que desmonta la leyenda de su penuria de medios materiales en esta época. Estaban reforzados, además, por el Grupo 28, mandado por Andrés García Lacalle y formado por dos escuadrillas de Grumman delfín, a base de los 34 aviones importados del Canadá, y por la escuadrilla de vuelo nocturno, de la que se hizo cargo Walter Katz.

En los «Moscas», Eduardo Claudín Moncada fue nombrado jefe del Grupo 21 y poco le duró el cargo, pues el 5 de julio murió en el frente de Teruel. Manuel Zarauza Clavero le sucedió y José Redondo Martín y Antonio Arias Arias (repuesto ya de un grave accidente) los sustituyeron en las escuadrillas primera y cuarta; de la nueva sexta se hizo cargo Francisco Meroño Pellicer.

La Aviación de Caza republicana, con mandos jóvenes y decididos, contribuyó de forma importante a la brillante defensa de Valencia, muy bien dirigida por el general José Miaja, quien repetía en 1938 sus éxitos en Madrid, de 1936-1937. Esto se logró a cambio de cuantiosas bajas de «Moscas» en los meses de junio y julio (17 pilotos fallecidos y tres desaparecidos), que dejaron en cuadro al Grupo 21 a finales de julio. En esta época sí que se habrían reducido a 35 los «Moscas» en estado operativo en la escuadra. Los aeródromos más usados por la Escuadra 11 Grupo 21 en esta época fueron los de Liria, Sagunto, La Señera y Camporrobles.

¿Cómo era la vida y funcionamiento de las escuadrillas en las circunstancias de guerra?[27]

El número de aviones por escuadrilla era, por regla general, entre 9 y 12. Para esta docena escasa de aparatos, el personal o «escalón de tierra» estaba formado por un centenar de personas, entre mecánicos, ayudantes, chóferes, los camiones y las cisternas de gasolina, personal de cocina, soldados para la vigilancia de los terrenos de vuelo y los alojamientos y mujeres contratadas para servir la mesa y lavar la vajilla y la ropa.

Una especie de circo ambulante que iba de un lugar a otro llevando consigo hasta el último bramante, y en el que los pilotos desempeñaban el papel de artistas encargados de la tarea peligrosa y, por ese motivo, tratados con las mayores atenciones. Debido a la abundancia de personal y material, resultaban bastante laboriosos los traslados de un aeródromo a otro, si es que cabe llamar aeródromos a los páramos utilizados como pistas. Más o menos explanados, que en tiempo de guerra fueron habilitados en tantos lugares.

A escala operativa la escuadrilla estaba dividida en patrullas, integradas por tres aviones cada una. A su vez, un conjunto de escuadrillas formaba los denominados Grupos que, como se puede deducir, estaban formados por aviones del mismo tipo. Finalmente, por encima de los Grupos, se encontraba la Escuadra, que aglutinaba a los diferentes grupos de un determinado tipo de avión: así estaba la Escuadra de Bombardeo o la Escuadra de Caza. Cada parte de esta estructura jerárquica tenía un jefe que mandaba, respectivamente, sobre la patrulla, la escuadrilla, el grupo y la escuadra.

Reencuentros y la lucha desde el aire

El sargento Hinojosa había conocido brevemente a Francisco Tarazona Torán durante el reentrenamiento de éste como piloto de caza. Tarazona había llegado en febrero de 1938 al

Carmolí, tras ser dado de alta por los médicos, y era admirado como piloto. Igualmente, allí se reencontró con otro compañero; Vicente Beltrán Rodrigo, que tras pasar por la 1ª de «Moscas» fue enviado a la 3ª el mes de abril de 1938, para formar parte de la reconstrucción de esa escuadrilla. También vio de nuevo a Manuel Montilla Montilla, que había formado parte de la Segunda Promoción de Kirovabad y que al regresar de Rusia fue enviado a San Javier para reentrenarse, siendo destinado en abril de 1938 a la 3ª Escuadrilla.

En agosto se incorporó a la 3ª Salvador Artigas Sahún. Con este compañero, conocido futbolista en aquel tiempo, seguro que Hilario compartió su pasión por el fútbol. Artigas, tras exiliarse en Francia al finalizar la guerra, fue rescatado para jugar al fútbol en equipos galos y posteriormente españoles. Jugó y entrenó con éxito tanto en Francia como en España.

A mediados de julio llegó Miguel Ángel Sanz Bocos, procedente de la 4ª Escuadrilla de «Moscas».

Para Hilario, la actividad como piloto de la 3ª Escuadrilla entre los meses de junio y finales de octubre de 1938 fue intensa. La descripción de las acciones de guerra que relatamos es una recopilación resumida, obtenida gracias a los datos que varios pilotos e historiadores nos aportan generosamente.

En este caso y, gracias a su familia, podemos saber fehacientemente que Hilario, al que sus compañeros llamaban tres «H», participó activamente en los vuelos de protección de bombarderos, combates aéreos y ametrallamientos a convoyes de suministro y tropas enemigas. Sobre todo, en el frente de Teruel y mientras se producía la ofensiva nacionalista hacia el Levante. Igualmente, participó en los cielos del frente del Ebro, aunque Hilario manifestó que sus acciones en este campo de combate fueron menos numerosas.

Dos aterrizajes forzosos

Podemos asegurar que Hilario tuvo que realizar dos aterrizajes de emergencia. En el primer caso estando en la 3ª Escuadrilla y llegado después de una misión a su aeródromo, cuando se disponía a tomar tierra los operarios del campo le enseñaban la bandera roja, por lo que Hilario retomaba el vuelo. Muy extrañado de que no le dejaran aterrizar, estando el campo en perfectas condiciones, lo intentó de nuevo obteniendo igualmente la prohibición.

Entonces, se dio cuenta de que el tren de aterrizaje, pese a su correcta manipulación, no se había abierto. Con seguridad, alguna esquirla de la artillería antiaérea le había alcanzado. Sabiendo cual era el problema, Hilario enfiló la pista y aterrizó con la panza del avión. Teniendo en cuenta lo complicado de dicha maniobra y la velocidad a la que llegaban los cazas (170 km/h) demostró que era un buen piloto. No podemos saber en qué frente fue afectado, si bien, hay datos de teletipo (del 19 de julio de 1938), que veremos más adelante, rebelando la llegada de un caza sin tren de aterrizaje en las fechas en que él operaba.

En el segundo caso, y durante su destino en la defensa de Valencia, fue alcanzado el motor de su avión y aterrizó en un campo de olivos, en un terreno montañoso y nevado considerado «zona de nadie», en el frente entre Teruel y Valencia. Para no ser encontrado por el ejército franquista se escondió y pasó la noche de pleno invierno a la intemperie, lo que le provocó principio de congelación en los pies. Al amanecer, se orientó y caminó hacia las líneas republicanas consiguiendo ponerse a salvo.

Dada la imposibilidad de contar con el testimonio expreso del protagonista, recurrimos a un experto aviador e instructor español, como es el coronel retirado Javier Jiménez Olmos que nos detalla, según su experiencia, cómo pudieron ser esos momentos:

«El caza Polikarpov I-16 era un aeroplano difícil de manejar, sobre todo durante los aterrizajes y despegues debido al peso del motor. Durante los entrenamientos, los pilotos aprenden a controlar situaciones como la parada del motor o la pérdida del tren de aterrizaje. En el primer supuesto, cuando Hilario comprueba que el motor del caza ha sido dañado y se para o funciona mal, su preocupación se centraría en abandonar la escena de combate y planear hasta encontrar un campo para aterrizar.

Entre las virtudes del «Mosca» no estaba la de planear como cualquier otro avión de hélice, debido, como hemos indicado, al peso del motor. El piloto, una vez visualizado el campo donde descender debía afrontarlo a una velocidad que evitara la entrada en «pérdida» del aparato. Situación que se produce cuando hay una reducción excesiva de velocidad y por lo tanto pierde la sustentación de sus alas. Algo que de suceder lo precipitaría hacia el suelo con evidente peligro de muerte. En este caso, nuestro protagonista llevaba bien aprendidas las lecciones que sus instructores le enseñaron. El hecho de haber manejado tantos tipos de aviones durante el curso añadió en su haber la habilidad necesaria para superar dicho trance.

Puestos en su situación y, decidido el aterrizaje en un campo de olivos, damos por hecho que el motor estaba en paro y que Hilario lo habría desconectado eléctricamente. El tren de aterrizaje no se abriría para evitar los saltos que podían hacer que el caza se estrellara, afrontando la calle entre los árboles con la tripa del avión. El rozamiento con el suelo haría la parada más rápida.

El caso del aterrizaje forzoso en el aeródromo, posiblemente de tierra, el peligro estuvo más en el hecho de haber aterrizado pensando que el tren estaba fuera. Al ser avisado de que no era así pudo poner en práctica lo comentado anteriormente, evitar entrar en «pérdida» y, con el motor parado, afrontar el aterrizaje. Una vez que el avión tocaba suelo el propio rozamiento haría que el deslizamiento fuera menor. El hecho de hacerlo sobre tierra impedía que saltaran chispas. Al llegar de regreso de una misión la carga de combustible sería pequeña y, al estar las asistencias del aeródromo en alerta, el peligro para el piloto se «reduciría».

Resumen de operaciones aéreas durante los meses que Hilario Hinojosa pasó en la 3ª Escuadrilla[28]

Relato de José María Bravo. «Durante los primeros días de junio de 1938, algunos pilotos fueron vacunados contra el tifus, lo que les obligó a guardar cama varios días. Ello hizo que la actividad de la escuadrilla bajara de intensidad. Pese a todo, los días 2 y 3 de junio tuvieron que elevarse hasta siete veces por falsas alarmas de ataque al aeródromo. El día 10, ya en condiciones de volar, la escuadrilla salió a proteger a los Chatos sobre la zona de Lucena del Cid. Durante aquella acción mantuvieron un durísimo combate con cazas alemanes de la Legión Cóndor. Dos magníficos pilotos, Pedro Utrilla Hernández, y José Ruiz Gómez fueron abatidos».

14 de junio (José María Bravo). «La 3ª Escuadrilla se pudo desquitar en parte de las pérdidas anteriores. En un tremendo combate con Heinkel 111 y Messerschmitt 109, Francisco Tarazona consigue derribar uno de estos últimos, pilotado por el teniente Henz, que se ve obligado a tomar tierra en zona republicana, cayendo prisionero».

Sabemos por el propio teniente José María Bravo que, como jefe de la escuadrilla, después de cada vuelo reunía a los pilotos que estaban libres para charlar y corregir problemas. Con los Fiat, el combate consistía en un picado, tirón y subir. Los combates con la escuadrilla debían mantener la cohesión con el resto de la formación. Estos movimientos eran siempre difíciles y, volando a bastante altura, se daban encuentros fortuitos y aislados con los Messerschmitt alemanes.

La Escuadrilla hacía un promedio de tres patrullas de cuatro aviones y otros tantos pilotos asignados. Pero poquísimas veces actuaba con ese número. No había reserva de pilotos ni de aviones, y tan sólo se reponían poco a poco los huecos producidos en combate con aviones reparados o reconstruidos.

16 de junio de 1938 (José María Bravo). «Las Divisiones del general José Aranda, reforzadas con las de Navarra, entran en Castellón de la Plana. Se produce el traslado de la 3ª Escuadrilla a Liria, junto a las de Manuel Zarauza y Eduardo Claudín».

16 de junio. «Rafael Herrero es herido en combate y muerto en Camporrobles al aterrizar».

23 de junio. «Francisco Tarazona derriba un Savoia 79 italiano cerca del puerto de Valencia. Las noticias de derribos de enemigos corrían rápido hacia las demás escuadrillas. Sin embargo, también lo hacían en caso contrario. El 21 de junio se supo que José Ruiz Gómez, de la 1ª Escuadrilla de «Moscas», había muerto al ser ametrallado mientras descendía en paracaídas. Actos criminales que realizaban alemanes e italianos».

La situación en las zonas de combate aéreo

José María Bravo nos relata con detalle su complicada actividad como jefe de la 3ª Escuadrilla en esas fechas: «En los ataques en los cuales teníamos objetivos múltiples que defender, mi acrecentada experiencia en el mando de las distintas patrullas, aun sin radiofrecuencia, me permitía separar una o dos patrullas para un ataque, enviándolas hacia abajo, y continuar vigilando la actuación de los atacantes al mando de otras dos hasta el último momento, en el cual ya tenía que intervenir directamente. Contra los bombarderos, otra táctica que empleaba era subir con un fuerte ángulo y dando la impresión de no dirigirme hacia ellos, pero midiendo distancia y altura continuamente hasta que los sobrepasaba bastante en altura, y entonces picaba con los nueve aviones hacia ellos y comenzaba a disparar cuando estaban a menos de 200 metros…».

Julio de 1938
Relato de José María Bravo. «La Escuadra 11, que permanecía en los aeródromos próximos a la costa levantina se traslada al interior. Los «Chatos» a Requena y los «Mos-

cas», a Camporrobles y Villar del Arzobispo. La línea defensiva X-Y-Z[29] resultó infranqueable para los sublevados, que el 25 de julio, cuando el ejército de la República cruzó el Ebro, suspendió la ofensiva».

15 de julio. «Salimos al frente. La artillería antiaérea nos castiga bastante. Hieren en el cuello a un piloto novato. Llegó a aterrizar y capotó, incendiándose el caza. Logramos sacarlo de aquel infierno; tiene el cuerpo quemado por la gasolina, que se le había metido entre la ropa. No sabe usar el traje de cuero. Lo lleva abierto, deportivamente. La tercera se queda sólo con cuatro aviones, dos de los cuales tienen que ir a manos de los mecánicos. Hay que cambiar motor al mío y alas a otro. No tenemos repuesto y esperamos a que lo traigan desde Alicante, por carretera».

17 de julio. «Traslado de la 3ª a El Carmolí. Desde allí salida hacia Camporrobles (Valencia, límite con Cuenca) para actuar en el frente de Teruel. Muere Luis Herrero Rubio al aterrizar, capota y su avión se incendia».

18 julio. «Eduardo González Casola (abatido por un Fiat) y Esteban Yuste, derribados el 18 de julio de 1938 y, el mismo día, Ángel Belmonte herido en combate y muerto por incendio de su avión al aterrizar. Tres escuadrillas del Grupo 21 están en el aire; nueve «Moscas» en total. Casola es enterrado en el cementerio de Camporrobles».

27 de julio de 1938
Relato de Francisco Tarazona: «Vamos prosperando. Hoy salimos cuatro «Moscas» a proteger «Chatos» al frente, cerca de Barracas. Ellos eran seis».
30 de julio. «Traslado de la tercera Escuadrilla a Vendrell. Cuando pasamos sobre Vinaroz, la artillería antiaérea nos recuerda que ya no es de la República. La costa está llena de barcos enemigos. Parecen ostras pegadas a la tierra; más bien, cachorros amamantándose. No obstante, vomitan fusiles, tan-

ques, soldados, gasolina; en fin, todo lo que tanta falta nos hace a nosotros y que cada vez tenemos menos.

Después de una hora y veinte de vuelo llegamos a Vendrell. Han pasado apenas tres horas desde que estábamos en la zona Centro-Sur, cuando nos mandan a hacer el primer servicio de protección al frente del Ebro.

La Fuerza Aérea de la República tiene que ser usada en todas partes, en todos los frentes. Los únicos aviones que no van de La Ceca a La Meca son los que están destacados para la defensa de los grandes puertos. Ni Madrid, ni Alicante, ni Almería, salvo en ocasiones muy especiales, conocen de estos medios de defensa.

Los cielos y mares, en los alrededores de Barcelona y Valencia, son vigilados por una patrulla de «Moscas», desecho de las escuadrillas, aviones capotados que se han reparado, y que, en los picados, se tuercen en barrenas involuntarias.

Casi todos los novatos que hay en la escuadrilla son unos jovencillos. Álvaro Pitarch, catalán, tiene dieciocho años; Luis Margalef, catalán, es el más joven: tiene diecisiete; Manuel Montilla, madrileño, tiene diecinueve. Casi todos han peleado ya en el frente, en la Ciudad Universitaria, en el Jarama, en Guadalajara. Sustituyen a los que hemos dejado la zona Centro-Sur, heridos unos, como José Alarcón; muertos los más».

Teletipos del Grupo 72 de las Fuerzas Aéreas de la República Trascripción literal[30]

Jesús Salas Larrazábal dice: «Para narrar las actividades de la Escuadra de Caza nº 11 en el 3er. trimestre de 1938 no podemos basarnos en el Diario de dicha Escuadra, cuyos datos correspondientes al período de 1 de julio a 23 de septiembre se han perdido. Esta laguna temporal la hemos podido rellenar en parte con otras fuentes no tan detalladas, pero también oficiales, como la serie de «teletipos del Grupo 72 de Fuerzas Aéreas», correspondientes al mes de julio, los «Partes del 4.º Sector de la 3.ª Región Aérea», pertenecientes a los meses de agosto y septiembre, la información rusa aportada por Abrosov (escritor ruso autor de «En el cielo de España») y la oral suministrada al autor por el tercer jefe de la Escuadra n.º 11, el mayor Isidoro Giménez, quien sustituyó en el Mando de dicha Escuadra al también mayor Juan Alonso Vega en agosto de 1938. Con estas fuentes documentales afrontamos una breve descripción de los sucesos correspondientes al 3er trimestre».

Para completar esta secuencia temporal hemos intercalado información de José María Bravo y de Manuel Montilla.

Teletipo 19-7-38. Salen 38 I-15 y 25 I-16. Derribados 16 Fiat y 1 Messerschmitt probable. Caen 3 «Moscas», **1 toma tierra con tren dentro** y 2 con impactos, 2 chocaron al despegar; 1 «Chatos» destrozado por parada de motor en toma de tierra; 1 piloto muerto.

Extracto de los partes del 4º Sector de la 3ª Región Aérea

30-7-38. Llegan a Valls y Vendrell las escuadrillas 5ª, 4ª y 3ª del Grupo 21.

1-8-38. Las escuadrillas 3ª, 4ª y 5ª del Grupo 21, junto a las 1/26 y 3/26, salen tres veces al frente. En la primera al NO. de Gandesa acompañan a 9 bombarderos; en la segunda, al Norte de dicha población, escoltan a una pareja de Katiuskas; y en la última, por la tarde, protegen a seis Katiuskas. 25 «Moscas» combaten con 15 Messerschmitt Bf 109 y 22 Fiat y He 51.

19 cazas I-16. (8 de la 3/21, 5 de la 4/21 y 6 de la 5/21) escoltan a la 3/24 a Gandesa; el BK-38 toma tierra en Vendrell por avería. Por la tarde seis aviones reconocen el sector Batea-Gandesa.

5-8-38. Las 3ª y 4ª Escuadrilla del Grupo 21, con 7 y 5 aviones (y otros 9 I-16) un servicio de protección a 6 SB-2; se pierde un Katiuska de la 3/24, tripulado por Ricardo Olave, José García Villalba y Amancio Baltanás, mientras el BK-39 toma tierra en Valls por avería.

6-8-38. El Grupo 21 protege a los I-15 que ametrallan en el sector de Corbera; tras el ametrallamiento se lucha contra Junkers-52 y sus Fiat de escolta sobre Mora, alcanzándose a 3 Junkers.

Vuelos de prueba de I-16 en revisión. Con los nuevos I-16 llegados de Figueras la 3/21 posee 19 «Moscas», 11 en su base de Pla de Cabra y 8 en Vendrell.

7-8-38. Varias salidas de protección de las 3ª, 4ª y 5ª escuadrillas de Caza del Grupo 21, a pesar del mal tiempo reinante en sus bases.

José María Bravo.
14-8-38. «A primera hora de la mañana, la Escuadra 11 de Caza, con su jefe, el comandante Isidoro Giménez García a la cabeza, para tratar de reafirmar su dominio del cielo, organiza una salida masiva con todos sus efectivos hacia el frente del Ebro, en la que intervienen más de cien aviones. También se unen cinco escuadrillas de *Chatos*. Hubo un feroz combate en el que participaron doscientas aeronaves. Nada más llegar al frente, a la zona de la batalla terrestre, se produjo un terrible enfrentamiento con diez escuadrillas de Fiat italianos, en el que cayó un gran número de sus cazas, sin pérdidas por nuestra parte. Ese día por la tarde a la 3ª Escuadrilla se nos encomendó la misión de proteger, junto con las escuadrillas de Antonio Arias y Francisco Meroño, nuestras líneas sobre Corbera (Batalla Ebro)».

Manuel Montilla. «A mediados de agosto la lucha en tierra es tremenda. Los fascistas han pasado a la ofensiva en el frente del Ebro. Cada día hay más escuadrillas de aviones enemigos en el frente. El número de piezas de artillería y tanques aumenta sin cesar. Es tal la cantidad de artillería antiaérea que han traído que, cada vez que pasan nuestros aviones el Ebro, las granadas explotan en nuestras narices. Es raro el día que no llegue algún avión impactado de metralla antiaérea, y esto sucede aunque se vuele a 4.000 metros de altura».

José María Bravo. «A finales de agosto de 1938 llegó a la Escuadra 11 una partida de motores norteamericanos Wright Cyclone R 1820 F3, mucho más potentes».

El jefe de la Escuadra, comandante Isidoro Giménez, ordenó a Bravo que los probara en el aeródromo de Celrá (Gerona). Allí, y dotado de oxigeno, alcanzó la altura de 11.500 metros de altitud. También coincidió con el equipamiento de nueva ropa para los pilotos.

31-8-38. «Francisco Tarazona, que había sido nombrado jefe de la 3ª escuadrilla el día 27, sale al frente de la 3/21, en protección de Katiuskas (el 30 de agosto José María Bravo abandona la 3ª escuadrilla al pasar a ocupar el cargo de 2º jefe del Grupo 21, con el grado de capitán)».

Septiembre. Teletipos del Grupo 72 de las Fuerzas Aéreas de la República. Transcripción literal.

10-9-38. Por la tarde, 20 «Chatos» y los «Moscas» de la 3/21 y 4/21 sobrevuelan Villalba. En total, 64 vuelos de I-16 y 31 de I-15.

13-9-38. 170 vuelos de cazas. En el primer servicio sale la 3ª Escuadrilla del Grupo 26 y la 3ª y 7ª del Grupo 21, que ametrallan en la zona de Fayón (Zaragoza) y luchan con los Bf 109. Son derribados los CM125, 154 y 178 (de la 7/21), el CM-138 toma tierra en Reus (con su piloto herido), así como el CA-103, y el CM-192 aterriza en el aeródromo enemigo de Almenar.

A las 17:00 h, los I-16 e I-15 salen al sector de Villalba; el CA-135 capota en Pla de Cabra, con su piloto herido. A las 19:30 h, 29 «Moscas» realizan un crucero por el frente (6 de la 3/21, 11 de la 5/21 y 12 de la 6/21).

18-9-38. A las 18.45, las 3/21 y 5/21 evolucionan por Corbera y Fatarella, y combaten con aviación enemiga, sin consecuencias.

19-9-38. A las 15:30 h, las 3/21, 4/21 y 5/21 protegen a la 3/26 que ametralla Villalba. Los biplanos CA-130, 149 y 070 regresan tocados y toman tierra en Reus, Valls y La Pineda (Salou).

20-9-38. En el primer servicio, la 3/26 y una veintena de Moscas luchan con 34 Fiats, al parecer sin consecuencias. Por la tarde, la 3/26 y las 3/21, 4/21 y 5/21 combaten con los Bf 109.

Cae el CM-257 de José Torras Pujol, quien se lanza en paracaídas mortalmente herido, y vuelve averiado el CM-230 (ambos de la 3/21). Los CM-170 y 175 (de la 4/21) toman tierra fuera de campo con sus pilotos heridos, y los CM-208 y 229 (de la 5/21) aterrizan en Reus con averías.

21-9-38. A primera hora, 6 Katiuskas protegidos por 12 Moscas y 10 «Chatos» bombardean en Villalba-Fatarella y Batea-Gandesa. El Katiuska 19, alcanzado por la Artillería Antiaérea, toma tierra en Reus. A las 12:00 h, otros 6 Katiuskas escoltados por «Moscas» y «Chatos» combaten con la aviación enemiga en las inmediaciones de Fatarella y la Venta de Camposines. Cae el CM-227 (de la 5/21), el CM-262 (de la 3/21) toma tierra en Vendrell por tener averías y estar herido su piloto José Pallarés Ferreras y el CM-176 (de la 4/21) lo hace por falta de gasolina. A las 14:00 h, salen a ametrallar al frente unos 30 cazas; es abatido un biplano por Artillería Antiaérea. En el último servicio, se repite el ametrallamiento a las posiciones enemigas. En total, 123 vuelos de cazas.

José María Bravo. «El 22 de septiembre tuvo lugar un duro combate, en el cual intervinieron las escuadrillas 3ª, 6ª, 7ª en servicio de protección de Chatos sobre Gandesa. Se produjo una vez más una actuación en el sector de Fayón, coincidiendo este servicio con la fase de la contraofensiva enemiga en el Ebro. Al regreso tomamos tierra en Valls, base en lo sucesivo de la 3ª junto con la 4ª de Arias».

DIARIO DE LA ESCUADRA DE CAZA[31] (septiembre y octubre). Transcripción literal.

Igualmente intercalamos datos de José María Bravo para completar la secuencia de lo acaecido durante este periodo de tiempo.

Día 24 de septiembre 1938

Entre las 11 h 22 m y 11 h 35 m despegan de sus respectivos campos la 3.ª, 5.ª y 6.ª Edlla. del Grupo 21, compuestas por 8, 7 y 9 respectivamente, más uno de la Plana Mayor del Grupo y la 1.ª y 3.ª del 26 con 11 y 12, los cuales se reúnen sobre la vertical de este campo a las 11h 40 min para prestar servicio de ametrallamiento y patrullamiento (sic) en el sector de Corbera, haciendo rumbo al objetivo en las 11 h 45 min. Al llegar al frente las escuadrillas de «Chatos» descubren la presencia de unos 12 bimotores.

Las dos escuadrillas, las dos patrullas designadas para ametrallar el objetivo camino del Mas del Tío que llegaron al frente a unos mil metros de altura y al notar la presencia de la aviación enemiga a más altura que ellos, se internaron en nuestras líneas para ganar altura y unirse a las Escuadrillas. Durante todo el tiempo de permanencia en el frente, estas Escuadrillas han estado atacando a los bimotores facciosos, evitando bombardeasen la zona que protegían la cual estaba comprendida entre Sierra de Lavall y Musol. El resto de la zona combate con tres Grupos de Fiat con un total aproximadamente de 60, el primero lo componían de comparación de 25 a 30 y tenía 5.500 m de altura, el 2.º de unos 20 a 6.000 m y por encima el 3.º compuesto de 7. La altura máxima del Grupo era de 4.500 m por lo que dio un amplio viraje a la derecha, ganando altura. Una vez conseguida esta se entabla combate con los resultados siguientes:

3.ª Escuadrilla del Grupo 21 sin consecuencias.

5.ª Escuadrilla, un Fiat, en nuestras líneas.

6.ª Escuadrilla, un Fiat, incendiado en Sierra de Cardó, otro incendiado al Este de Miravet y otro al Este de Sierra Caball, tirándose el piloto en paracaídas. Por nuestra parte se ignora el paradero del 252 y del 272 pilotados respectivamente por los sargentos Morató y Cano. Se cree haber visto tomar tierra a uno en proximidades de Falset en un terreno muy accidentado y el otro lanzarse con paracaídas su piloto, cayendo en nuestras líneas. Entre las 17 horas 58 minutos y 18 horas 12 minutos despegan de sus respectivos campos la 3.ª, 4.ª, 5.ª, 6.ª y 7.ª Escuadrillas del Grupo 21 compuestas por 7, 9, 7, 9 y 5 aparatos, más uno de la P. M. respectivamente y las 1.ª y 3.ª del 26 con 11 y 14 aparatos, los cuales se reúnen sobre la vertical de este campo a las 18 horas 14 min para prestar servicio de patrullamiento (sic) en el Sector de Corbera, haciendo rumbo al frente a las 18h y 16m. Durante el patrullamiento el Grupo 26 ha atacado algunos bimotores ahuyentándolos.

El Grupo 21 ha combatido con 7 Messerschmitt que estaban a 7.500 m de altura consiguiendo derribar uno incendiado, que cae en sus líneas. Por nuestra parte regresaran todos sin novedad, tomando tierra entre las 19h 15m y 19h 35m.

Día 3 de octubre de 1938

Entre las 12h 03m y las 12h 15m despegan de sus respectivos campos la 3.ª, 4.ª y 7.ª Escuadrilla del Grupo 21, compuestas por 9 aparatos cada una de ellas, más uno de la Plana Mayor y 1.ª y 3.ª del 26 con 12 aparatos cada una, las cuales se reúnen sobre la vertical de este campo a las 12 horas 17 minutos para prestar servicio de patrullamiento (sic) sobre el sector de Corbera, haciendo rumbo al objetivo a las 12h 20m. Durante el patrullamiento (sic) se encontraron con varias Escuadrillas de Fiat entablándose combate con los resultados siguientes: Grupo 21, 4.ª Escuadrilla, 3 Fiat derribados: uno incendiado al S. de Mora la Nueva, otro estrellado en tierra de los Rincones y otro en proximidades de Miravet.- 7.ª Escuadrilla Grupo 21, uno en Gandesa y otro por Mora de Ebro.- Grupo 26.- 1.ª Escuadrilla 3ª Fiat, uno al N. Mora de Ebro, otro entre Ascó y Flix y otro entre Flix y Ribarroja.- 3.ª Escuadrilla uno entre nuestras líneas y Fatarella. Por nuestra parte se ignora el paradero del 061 de la 7.ª Edlla. y pilotado por Sgto. José Gutiérrez y el 261 de la 3.ª Escuadrilla del 21 pilotado por el Sgto. Sirvent. En este combate nuestra caza ha perseguido a la enemiga hasta las proximidades de la Cenia. Entre las 13h 27m y 13h 45m toman tierra sin novedad las Escuadrillas en sus respectivos campos haciéndolo por causas desconocidas el CM-263 pilotado por Sgto. Guitar de la 3.ª del 21 a un Km. (sic) aproximadamente de la carretera de Reus a Morell, resultando destrozado el aparato y piloto herido leve. El 154 de la 7.ª

Escuadrilla lo hace en su campo con el tren plegado, resultando el piloto ileso. Por estar el campo húmedo resultan con la hélice doblada al realizar la toma de tierra el 265 y 203 de la 3.ª del 21.

José María Bravo. «El día 3 de octubre de 1938 una bala incendiaria impacta en el depósito de gasolina del «Mosca» de Luis Sirvent, que se lanza en paracaídas después de sufrir quemaduras graves. Al día siguiente lo trasladan a la Clínica Platón de Barcelona, que salvó a tantos pilotos heridos y quemados».

Diario de la Escuadra de Caza. Resumen de octubre de 1938[31]. Trascripción literal.

El primero de octubre se reactivó a ofensiva iniciada el 18 de septiembre por las Divisiones 4.ª de Navarra (del C.E. Marroquí) 13 y 1.ª de Navarra (del recién creado CE. del Maestrazgo, contra la 45 División Internacional (Hans Kahle), el flanco izquierdo de la 3.ª (Cabeza) y la 35 División (P. Mateo). La 4.ª de Navarra (Alonso Vega) logró una penetración de unos 2 Km los días 20 y 21, y la 13 División (Barrón) consiguió un avance similar (entre los días 24 y 27 de septiembre, cuando ya se habían retirado del frente las Divisiones 45 y 35, sustituidas por las 42 (Álvarez) y 46 (Domiciano Leal, muerto por bombardeo aéreo nada más entrar en línea).

La 1.ª División, que no pudo adelantar su frente en la última decena de septiembre, logró un avance de 3 km en los días 2 a 4 de octubre por la Sierra de Lavall, que amenazó la seguridad del cruce de Caminos de la Venta de Camposines. Ante este grave riesgo la Escuadra de Caza n.º 11 se movilizó al máximo. El 2 de octubre salieron al frente 47 cazas Polikarpov (a partes casi iguales entre monoplanos y biplanos), que se enfrentaron a unos 50 Fiat; cayeron dos «Chatos», los CA-188 (Sarrió) y CA-153 (Jaén); y un Fiat, el 3-140 (Olivera), más un Romeo Ro-37 abatido por las defensas de tierra, del que sus dos tripulantes se lanzan en paracaídas, con el resultado de muerte del piloto Cipriano Rodríguez, jefe del Grupo 4G12, que se deslizó del atalaje de su campana protectora, y salvación del observador.

El 3 de octubre los I-16 salen a primera hora en protección de «Katiuskas» y a mediodía en unión de los I-15 (52 cazas en total).

En este segundo servicio combaten con 24 Fiat de los grupos españoles 2G3 y 3G3 y se apuntan el derribo de nueve Fiat (3 la 4/21, 3 la 1/26, 1 la 7/21 y 1 la 3/26; la 3/21 no se aporta victoria alguna), lo que no es recogido por el parte de Barcelona, que se refiere a «varios aparatos italianos». De hecho, cayeron dos Fiat, pero los de los dos principales ases españoles, G.ª Morato y Julio Salvador, y tres «Moscas», los CM-261 (Sirvent) y CM-263 (Pitarch) de la 3/21, y el CM-061 (José Gutiérrez Chiclana), de la 7/21.

El parte de Burgos fue comedido esta vez y se contentó con reclamar el derribo de cuatro aviones. El día 4 el Grupo 21 salió cuatro veces al frente y el Grupo 26 tres. En los servicios segundo y cuarto, se volvieron a poner en vuelo 52 cazas (28 «Moscas» y 24 «Chatos»), y en ambos se produjeron combates. Este día cayó prisionero el as alemán Otto Bertram (con nueve victorias aéreas) y se perdió el CM-197 (Tébar), de la 3/21; el CA-118, de la 1/26, capotó en Sabadell, sin consecuencias para su piloto. Las Divisiones 1.ª y 13.ª habían sufrido un castigo tremendo, lo que aconsejó su relevo por las 82.ª (Delgado Serrano) y 53 (Sueiro), traída ésta del frente leridano.

La División 82 llegó el 7 de octubre a dominar el cruce de la Venta de Camposines, donde detuvo su marcha, y la 53.ª cortó el día 12 la carretera de Fatarella a Camposines, punto de su máxima penetración. El 5 de octubre, en el segundo servicio de guerra salen 31 «Moscas» españoles y un número indeterminado de «Chatos». El 6 no vuelan los grupos 21 y 26, pero el 7 serán 51 los cazas que despegan en una sola formación y luchan contra los monoplanos alemanes, tres de los cuales creen derribar (el parte de Barcelona los reduce a dos); solo se conoce la caída del CM-267 de Huertas (de la 6/21).

El día 8 se produjo en tierra el último intento de la 82 División por ocupar la Venta de Camposines y la Escuadra 11 salió cinco veces al frente, en cuatro de las cuales la 5/21 participó con ocho aviones. El tercer servicio lo efectuaron 30 «Moscas» y 24 «Chatos», y el quinto 29 I-16 y 25 I-15. En esta jornada se perdieron el CM-230 (Dosta, de la 5/21) y los CA-149 (Bastida) y CA-191 (Belda), que chocaron entre sí; el Grupo 21 reclamó el derribo de cuatro Fiat (tres la 5/21 y uno la421), de los que no hay constancia.

El parte de Burgos se apuntó ocho victorias (seis «Moscas» y dos «Chatos»).

El 9 de octubre la actividad aérea fue menor, sólo se efectuaron dos servicios, pero se perdió el CM-268 y otro de matrícula desconocida, con sus pilotos muertos.

El parte de Burgos reclama el derribo de seis «Moscas» y dos Katiuskas, y el de Barcelona cinco Fiat y un He51. La Aviación de Kindelán no tuvo baja en el frente, pero perdió siete aviones en Palma de Mallorca por explosión (el S.79 explotado, un S.81 y cinco Fiat). El día 10 caen en el Ebro el I-16 de Arroyo y el Bf 109 de Gamringer, y en el Sur el He 45 de Gascón y Gorostiza, ambos muertos. Ambos partes oficiales se apuntaron el derribo de tres aviones (por la AA el de Burgos). En el 11 y el 12 no se registra actividad de la Escuadra 11, por mal tiempo. El día 12 es el último en que avanza la División 53 y a partir de este momento hasta el 30 de octubre hubo calma en los frentes terrestres. Los días 13, 14 y 15 no hay combates importantes, pero la Aviación republicana pierde dos I-16, los CM-223 (Ángel García) y CM-277 (Ruiz Murillo), y un SB-2 (Miñana, Medina y Otero, salvados en paracaídas), y causan baja temporal otros tres «Moscas» y un Katiuska. Se presentía que los Cuerpos de Ejército Marroquí (Yagüe) y del Maestrazgo (G.ª Valiño) iban a afrontar la batalla final en el Ebro, por lo que se dio orden de que subieran a Cataluña las Escuadrillas 4/26 (Ramírez) y 1/21 (Redondo), lo que hicieron, respectivamente el 14 y 15 de octubre.

El día 16 no vuela la Escuadra 11, pero la Defensa Antiaérea destruye un He 111, en el que mueren tres tripulantes y dos se salvan en paracaídas y quedan prisioneros. El Fiat de Barbetta se destroza en accidente.

En el segundo y último servicio del 17, salen al aire 34 «Moscas» y 25 «Chatos», 59 cazas en total, la mayor formación reunida desde el 24 de septiembre, fecha en la que se agruparon 38 Moscas y 25 «Chatos». Desde el 17 al 26 de octubre solo vuela la Caza republicana los días 20 (en número similar al del día 17) y 22. El 26 y el 27 se efectúan servicios de protección de Barcelona, a cargo de la Escuadrilla 1/26 el día 26 y de la 1/21 en la jornada del 27. El 28 de octubre, día en que se rendía un homenaje de despedida a las Brigadas Internacionales, la Escuadra 11 efectuó once servicios de protección continua de Barcelona, desde las 12.12 a las 18.10, en los que participaron las seis escuadrillas del Grupo 21 (la 6.ª y 7.ª lo hicieron dos veces y las tres del Grupo 26 existentes en Cataluña; ocho de los servicios se hicieron con nueve aviones, uno con 12 y otro con cinco. Volaron en total 71 «Moscas» (18 de ellos dos veces) y 23 «Chatos». Las Escuadrillas 4.ª y 7.ª tenían en vuelo, al menos, 12 aviones; la 1.ª, 3.ª y 6.ª una decena; y la 5.ª no menos de ocho, con un total de 62, más los de la Plana Mayor del Grupo 21.

José María Bravo. «La 3ª Escuadrilla había perdido hasta ese momento de finales de octubre 15 pilotos: once muertos y cuatro heridos» (El balance de la 3ª es verdaderamente aterrador» según comentario de Jesús Salas Larrazábal en el libro *La guerra de España desde el aire*).

Sabemos por los comentarios de Hilario que personalmente siguió el devenir de las quemaduras de su compañero Luis Sirvent. Además, las referencias obtenidas sobre el curso de Vuelo Nocturno al que Hilario acudirá indican que este se efectuó principalmente en noviembre y diciembre de 1938. Todo ello nos hace suponer que Hilario estuvo en la 3ª la mayor parte de octubre, mes en el que se produjo el accidente de Sirvent.

Curso de vuelo nocturno

Noviembre-diciembre de 1938

Finalizado octubre de 1938, Hilario regresó a El Carmolí (allí había estado en la Escuela de Alta Velocidad), para realizar el curso de vuelo nocturno que tenía pendiente. Aunque desconocemos los motivos del mando aéreo de la república para enviarlo en ese preciso momento —dada la experiencia en combate adquirida en la 3ª Escuadrilla— deducimos que la gran pérdida de aviones en el frente de Levante y la batalla del Ebro pudo motivar su pase al curso.

Aeródromo de El Carmolí[32]

Antes de la Guerra Civil, la República instaló cerca de El Carmolí (Murcia) un aeródromo militar que se utilizó como Escuela de Vuelo de Alta Velocidad. Lugar que, aunque dentro del término municipal de Cartagena, estuvo vinculado a Los Alcázares.

Durante la guerra, uno de los modelos más famosos que se entrenó fue el caza Polikarpov I-16, llamado «Mosca» por los republicanos y «Rata» por el bando sublevado.

En 1937 se añadió la Escuela de Vuelo Nocturno y se empezó a trabajar con más modelos como el Breguet XIX, Koolhoven FK-51 y FK-13, Hanriot etc... Allí acudían los pilotos de caza para terminar su formación. El aeródromo ofrecía protección aérea a Cartagena.

El curso en el que participó Hilario fue el desarrollado desde finales de octubre a últimos de diciembre de 1938, realizándose la mayoría de vuelos en noviembre y diciembre.

La Escuela de Vuelo Nocturno la dirigía como jefe el teniente D. Francisco Celdrán Ros, siendo profesores de esta especialidad, entre otros, el sargento Daniel Quinteiro López y el sargento Antonio Gómez Castresana.

El objeto del vuelo: círculos y tomas de tierra. Ejercicio de altura, de visión, ejercicio de viraje y tomas de tierra sin reflector.

Una de las suyas

Tal y como contaba Hilario, durante un ejercicio por la noche, a los aviones, entre los que él iba, se les ocurrió volar sobre la ciudad de Almería, provocando el susto de la población que pensó que iba a sufrir un bombardeo. Como tenían prohibido volar sobre zonas habitadas, tras aterrizar los llevaron directamente a dormir al calabozo.

7 de diciembre de 1938

Teresa, embarazada del que sería el primer hijo de la pareja, se encontraba viviendo con sus padres en El Romeral (Toledo). Desde que Hilario fue enviado en junio de 1938 a la 3ª Escuadrilla, la posibilidad de verse se había acabado. Hilario, inmerso en la frenética actividad aérea y el paso por distintos aeródromos en virtud de las órdenes que recibían para las distintas misiones, sabía que la fecha del alumbramiento de su hijo o hija estaba próximo. El primer varón que aumentaba su familia nació el 7 de diciembre de 1938 en El Romeral, en la noche de un frío miércoles de luna llena.

Las navidades de 1938 no existieron para los combatientes. Para los civiles, la escasez y la penuria se arrastraban estoicamente, en una España dividida y llena de campos de muerte. Sería al finalizar el año cuando, terminado el curso de vuelo nocturno, pudo visitar unos días a su familia antes de incorporarse al nuevo destino.

Koolhoven FK-13 de fabricación holandesa, utilizado para la formación de pilotos de vuelo nocturno en la escuela de El Carmolí. Fotografía tomada el 25 de diciembre de 1938. Propiedad de la familia Hinojosa-López y de Joaquín Betoret.
De pie de derecha a izquierda: el segundo es Tomás Aguilar; el tercero, **Hilario Hinojosa**; el quinto, un mecánico; el sexto, Joaquín Betoret; el siete, «Camiseta» (apodo); el noveno, el teniente Francisco Celdrán.

Pilotos identificados en la fotografía:

2.- Tomás Aguilar Martín.
Nació en 1916, en Casas Bajas, en el Rincón de Ademuz, Valencia. Fue uno de los alumnos de las cinco promociones de aviadores que se formarían en la Unión Soviética, en la escuela de vuelo de Kirovabad, en el Cáucaso. Aguilar prestó sus servicios en el aeródromo de El Carmolí.
3.- Hilario Hinojosa Huete. 3ª Escuadrilla Grupo 21.
5.- Mecánico (con gorra)
6.- Joaquín Betoret Oms. Nació el 30 de junio de 1919 en Torreblanca (Castellón). Durante la Guerra Civil fue sargento piloto de caza de vuelos nocturnos destinado en la 2ª Escuadrilla del Grupo 26 (Fotografía archivo ADAR).
7.- «Camiseta» (datos ADAR)

9.- Francisco Celdrán Ros. Nació el 10 de enero de 1910 en Torre Pacheco (Murcia). Ingresó en aviación como mecánico el 16/04/1927. Se especializó como Piloto. Finalizó la contienda con el grado de teniente de Aviación. Está en la relación de trabajadores amnistiados de conformidad con lo previsto por la ley 46/ 77, de fecha 15 de octubre, pertenecientes a los talleres Los Alcázares, o que solicitaron la Amnistía. Publicado el 8 de septiembre de 1980. Boletín Oficial de las Cortes Generales. Senado.

Campo de la Señera, Valencia

Campo de la Señera, Valencia. Enero-marzo de 1939

Finalizado el curso de vuelo nocturno, Hilario fue destinado a la protección de Valencia sin dejar de pertenecer a la 3ª Escuadrilla.

La Señera era un campo de «Moscas» situado en la carretera hacia Chiva, a unos 30 kilómetros de Valencia. Dicho aeródromo estaba bien protegido por la artillería antiaérea y apenas había sufrido ataques enemigos. La Señera, como se le conoce oficialmente, tenía dos pistas de tierra. Una con unos 925 m. de longitud orientada de norte a sur, y otra de 1.300 que discurría de este a oeste. Junto con Manises, Sagunto y Llíria fueron los cuatro únicos aeródromos valencianos que permitían el aterrizaje nocturno en sus pistas. El acceso se realizaba por la antigua carretera de Madrid-Valencia. Contaba con tres edificios de mediano tamaño para el pabellón de mando y los servicios del campo. El acuartelamiento se ubicaba en las cercanas masías de Aldamar y Forriols, donde estaban la cocina, el comedor, la enfermería, la sala de curas y la entrada al refugio. Además, tenía agua, luz eléctrica, teléfono y teletipo.

¿Qué fue de la 3ª Escuadrilla y de los compañeros de Hilario?

En enero de 1939, los avatares de la guerra habían llevado a los componentes de la 3ª Escuadrilla a Cataluña, para la protección del puerto de Barcelona. El 26 de enero, las fuerzas franquistas entran en Barcelona y la 3ª se traslada a Sabadell y luego a Vic. Después vendría Celrá y Olot para seguidamente ir a Figueras, todos estos aeródromos en la provincia de Gerona.

Desde Celrá se encargarán de proteger a las unidades de tierra que caminan en dirección a los Pirineos. La llegada a Vilajuiga fue el día 5 de febrero por la noche y sería la última presencia de la 3ª en un aeródromo español. Desde allí tenían orden de volar hacia el aeródromo francés de Tolouse-Francazal. Algunos aviones pudieron despegar, pero de los cazas que allí había solo lo pudieron hacer los pilotos Lacalle, Bastida y Falcó, que no eran de la 3ª, en su Polikarpov I-15. Los ataques de los cazas alemanes destruyeron el aeródromo. Pilotos, armeros, mecánicos etc… comenzaron una larga caminata hacia los Pirineos y el exilio. En aquel momento, el jefe de la Escuadra de Caza era el teniente coronel Andrés García Calle (llamado Lacalle).

Los vuelos de vigilancia sobre Valencia

Las condiciones de los cazas disponibles no eran las mejores. Allí destinaron aviones reconstruidos tras capotar o sufrir averías importantes. Con todo, no se podía hacer más y los vuelos, de una hora u hora y media máximo, los realizaban escuadrillas de tres aviones rutinariamente, tras una alerta, y también por la noche, con un frío intenso que atenazaba los músculos y la voluntad de los pilotos. Hilario, preparado como estaba para el vuelo nocturno, patrulló también las noches. Sabemos que se vio involucrado en acciones de combate —como el indicado durante su segundo aterrizaje forzoso—, y de encuentros directos con el enemigo que se acercaba a bombardear Valencia. En todo caso, cumplió dignamente y consiguió salir vivo de tan cruda situación.

Escolta aérea al presidente Negrín y a la «Pasionaria»

Este capítulo, importante, se produjo en los últimos tres meses de la guerra. Hilario comentó a sus hijos que él los había escoltado. Sin embargo, y como ocurre al transcurrir el tiempo y no contar con la historia escrita o muy detallada por el protagonista, debemos intentar acercarnos al hecho de forma aproximada.

Historiadores como Carlos Lázaro Ávila nos manifiestan que no hay constancia de escolta durante la salida de España de ambos dirigentes el 6 de marzo de 1939. Aclarado ese momento, debemos circunscribir las escoltas a los diversos movimientos que se produjeron durante esos meses. En el caso del presidente Negrín, hay constancia de sus desplazamientos, muchos de ellos en avión, como el realizado a Figueras, Gerona, donde el 1 de febrero se celebra una reunión de las Cortes. Desde allí se desplazó a Toulouse y en avión a la zona centro controlada por la República. Después a Alicante el día 10 de febrero. El 22 de febrero de 1939 se encontraba en Los Jerónimos, Murcia, lugar empleado por las FAR.

Dada la escasez de efectivos aéreos, es posible que, si Negrín reclamó escolta de caza, se utilizó la disponible en La Señera, donde Hilario prestaba servicio en la protección de Valencia.

La posición Yuste[32], fue el nombre en clave que se le dio al lugar donde se estableció el Gobierno de la República Española, poco antes del final de la Guerra. El gobierno presidido por Juan Negrín estuvo allí establecido del 25 de febrero al 6 de marzo de 1939. La posición se encontraba en la provincia de Alicante, concretamente en una finca en la localidad de Petrel conocida como El Poblet.

En el caso de la dirigente comunista Dolores Ibárruri «Pasionaria», su tránsito por el territorio republicano en aquellos meses tuvo que ser constante, por lo que hasta su desplazamiento al aeródromo de Monovar, para salir el 6 de marzo de 1939 con dirección a Orán, pudo recibir escolta de los cazas de Valencia.

86

Sea como fuere, no hay constancia escrita de tales protecciones, cuestión lógica, tratándose de movimientos secretos de dichos dirigentes, algo que los pilotos solo conocieron en el momento de realizar la misión.

Bautista Ruiz Majano

Natural de Villasequilla (Toledo) 1902. Al poco de estar en el aeródromo de La Señera, Hilario recibió la visita de Bautista Ruiz, su cuñado y padrino de boda, al que desde entonces no había visto. Éste, afiliado a la UGT como única referencia política, había ejercido de vocal en el primer comité local de Villasequilla nombrado tras la sublevación militar.

Bautista nunca había volado en un avión y le pidió a Hilario que le diese un paseo aéreo. Tras gestionar la autorización para el uso de un biplaza, despegaron. Alcanzada la altura que el piloto consideró segura, se dedicó a hacer piruetas y virajes durante unos largos minutos, tras lo cual aterrizó. Entonces, se dio cuenta de que su cuñado, aterrorizado con la demostración acrobática, tanto se había agarrado a los laterales del avión que se cortó las manos hasta el hueso, terminando en el botiquín donde un médico lo atendió y cosió sus heridas.

Lo que no sabían ambos es que esa sería la última vez que se verían. Bautista fue apresado el 25 de mayo de 1939, juzgado por un consejo de guerra y fusilado en la cárcel de Ocaña el 8 de julio de 1939. Tenía 37 años[33].

Incidente con «El Campesino»

Hilario, tras terminar la vigilancia nocturna del cielo de Valencia y en compañía de los otros dos pilotos de la escuadrilla fueron, por la mañana muy temprano, a tomar algo a un bar de Valencia. Vestían de paisano y apoyados en la barra del bar disfrutaban hablando de sus cosas. Sorpresivamente, se acercó hacia ellos un hombre que portaba al cinto un enorme pistolón, el cual desenfundó y les mostró mientras les decía: «Mira que tres pipiolos van a ir a luchar al frente». Los tres jóvenes no se alteraron. Sacaron sus carnets de pilotos y los pusieron delante de las narices del entrometido. El tipo se quedó helado, les hizo un saludo militar y se marchó.

Luego supieron que el del pistolón era Valentín González González, más conocido como «El Campesino». Alguien que, a esas alturas de la guerra, era despreciado por sus correligionarios tras sucesivos comportamientos degradantes, pero que aún conservaba la graduación de teniente coronel.

Hilario ante la situación de la República en sus días finales

El 27 de febrero de 1939 Francia y Gran Bretaña reconocieron al gobierno de Franco, desvaneciéndose así la quimera de supuestos apoyos para alargar la agonía.

El mismo día 27, pocas horas después y ante los hechos consumados, dimitía el Presidente de la República, Manuel Azaña. El presidente Negrín se quedaba solo en la Posición Yuste (Alicante).

El jefe de las FAR, Ignacio Hidalgo de Cisneros, se encontraba el 5 de marzo de 1939 en dicha Posición Yuste, junto a otros militares republicanos, cuando en Madrid el coronel Casado lideró un golpe de Estado que se hizo rápidamente con el control de la España aún leal a la República. Consciente de su aislamiento abandonó España. Partiendo al exilio el 6 de marzo desde el Aeródromo de Monovar, en unión del presidente Negrín. Hidalgo de Cisneros ya no recuperaría el mando de las Fuerzas Aéreas, puesto que sería ocupado por el coronel Antonio Camacho Benítez y, finalmente, por el coronel Manuel Cascón Briega.

Hacía tiempo que todos, soldados y civiles, sabían que estaban viviendo el final de la república por la que habían luchado y tantos, muerto. Hilario, al igual que el resto de pilotos de La Señera, había recibido permiso para marchar con un avión al aeropuerto de Orán, Argelia. El consejo que recibieron fue que se exiliaran, bien en México o en la URSS. Para tal fin, Hilario había previsto llevarse con él a Teresa y su hijo de apenas tres meses. Tenía elaborada la carta de vuelo y utilizaría un avión con depósitos de combustible auxiliares. En la parte trasera del avión habría preparado un habitáculo con un pequeño colchón y mantas para el frío, que utilizarían Teresa y su hijo. Si tenemos en cuenta que un caza Polikarpov I-16 con depósitos auxiliares alcanza los 700 km. de distancia, no era posible llegar a Orán (Argelia), lugar que distaba de Valencia unos 1.500 km. El testimonio oral de la familia de Hilario nos dice que había conseguido un biplano (o tal vez un bimotor) con depósitos auxiliares, si bien no hay constancia de que los hubiera en La Señera, aunque disponemos de la evidencia de un biplaza cuando lo utilizó con su cuñado para darle un paseo aéreo autorizado (también se conoce la salida desde La Señera de Cipriano Mera, comandante de la 14ª División con destino a Orán, en un bimotor). Dado que debemos respetar la memoria oral transmitida, entendemos que Hilario consiguió, de alguna manera, el avión que podía llevarle con su familia al exilio.

Utilizando algún vehículo de las FAR, Hilario tenía previsto ir a por su familia y después emprenderían el vuelo, posiblemente de noche, algo que para él no era problema. La cuestión es que, cuando llamó a Teresa para comunicarle que se preparara para el viaje, ésta se encontraba enferma con unas fiebres que casi le cuestan la vida. Ante tal dilema, Hilario abandonó la idea de irse y optó por quedarse en su puesto asumiendo lo que viniera al término de la guerra, que en esos instantes tenía las horas contadas.

Los últimos jefes de las FAR

Como ya indicamos anteriormente, el máximo jefe de las Fuerzas Aéreas de la República durante toda la guerra, general Ignacio Hidalgo de Cisneros, había salido de España en compañía del presidente Negrín, el 6 de marzo de 1939, con destino a Francia. Las circunstancias le obligaron a tomar tal decisión, pero no por ello perdió el gran prestigio que como militar y persona tenía, sobre todo entre los miembros de las FAR.

Antonio Camacho Benítez

Nació en Málaga el 24 de mayo de 1892 y falleció en México, 25 de noviembre de 1974. Fue Subsecretario del Aire. En las últimas semanas de la guerra, el coronel piloto, Camacho Benítez, se mostró partidario del Consejo Nacional de Defensa[34] y de negociar una paz con Franco, en vez de continuar la resistencia y alargar la contienda. El 29 de marzo embarcó en Gandía en el buque de guerra inglés «Galatea» para pasar después al buque hospital «Maine» y desembarcar en Marsella. Se refugió primeramente en Londres, y el 9 de septiembre de 1940 llegó en el vapor «México» al puerto de Veracruz.

Manuel Cascón Briega

Nacido en Oviedo en 1895, murió en Paterna, Valencia, en

agosto de 1939. Último jefe de las FAR. Coronel, hombre de estricta moral y cumplimiento del deber, recorrió durante todo el episodio de la guerra los distintos aeródromos, departiendo con los pilotos. Podemos asegurar que Hilario lo conoció personalmente.

Al formarse el Consejo Nacional de Defensa del coronel Casado, Cascón fue nombrado jefe de la Aviación Militar, con puesto de mando en el aeródromo de Los Llanos (Albacete). En todo momento manifestó su voluntad de permanecer en España, sin abandonar a sus subordinados. Terminada la guerra fue detenido y enviado a la prisión común de Albacete, donde le asignaron los más deshonrosos menesteres. Juzgado en Valencia por un tribunal compuesto de antiguos compañeros, aviadores militares, fue condenado a muerte y fusilado en Paterna (Valencia) en agosto de 1939 (Foto ADAR).

La guerra finaliza

La caída de los frentes de guerra

Sólo unas horas después de que se dieran por finalizadas las «negociaciones» con los dos representantes del Consejo Nacional de Defensa, constituido tras el golpe de estado de Segismundo Casado[35] contra el presidente Negrín. Franco dio la orden de que se iniciara la ofensiva en todos los frentes.

Las primeras operaciones tuvieron lugar en el Frente Sur, donde la misma noche del 26 de marzo el Cuerpo de Ejército Marroquí (al mando del general Yagüe) y el Cuerpo de Ejército de Andalucía (al mando del general Muñoz Castellanos) avanzaron desde Peñarroya-Pueblonuevo hacia Hinojosa del Duque, Pozoblanco y Almadén, que ocupan el 27, y Ocaña, donde llegan el día 28; en ambos encontraron muy poca resistencia, ya que muchas de las posiciones republicanas habían sido abandonadas.

En añadidura, los ejércitos republicanos de Extremadura y de Andalucía depusieron poco después las armas, mientras los pueblos se llenaban de banderas blancas ante la inminente llegada de las tropas franquistas.

El día 29 de marzo, el Cuerpo de Ejército Marroquí de Yagüe ya había alcanzado Ciudad Real y Puertollano. Por su parte, el Cuerpo de Ejército de Andalucía tomaba Bailén y Linares, mientras que el Cuerpo de Ejército de Córdoba (mandado por el general Borbón) entraba en Jaén y, el de Granada, comenzaba el avance tomando Albuñol, por el litoral mediterráneo en dirección a Almería, ocupada por tropas a bordo del buque cañonero Cánovas del Castillo el día 29.

En el Frente del Centro, los cuerpos de ejército de Toledo, Maestrazgo, Navarra y CLI avanzaron desde Talavera de la Reina y Toledo hacia el sur, ocupando el 27 de marzo, entre otros pueblos, Polán, Mora, Arges, Yepes o Gálvez. En el frente de Levante, los Cuerpos de Ejército de Urgel y de Aragón lo hicieron desde Torre del Burgo, Masegoso y Cifuentes, marchando hacia Madrid y Valencia. Los atacantes no encontraron resistencia. Las líneas de los frentes republicanos se desintegraron el 28 de marzo en un proceso espontáneo. Se ocupa Aranjuez, Orgaz, Tembleque y Las Ventas con Peña Aguilera.

La Señera, Valencia, finales de marzo de 1939

Pudo ser el día 29 de marzo cuando las fuerzas italianas llegaron al aeródromo de La Señera. La mayor parte del personal y militares allí destinados había abandonado el lugar. Tan solo algunos pilotos quedaron para hacer la entrega de los aviones.

El coronel italiano que mandaba el destacamento se dirigió al grupo de aviadores republicanos que esperaban allí y les atendió correctamente. Hilario entregó su libro de vuelo e indicó el avión de caza que había pilotado. El oficial quedó pensativo unos instantes y le dijo: «¿Qué voy a hacer contigo? ¿Tienes delitos de sangre?». A lo que Hilario respondió que no. Que él solo cumplía órdenes.

El mando italiano no tenía intención de complicarse y tampoco quería llevar prisioneros consigo. Se dirigió de nuevo a Hilario y le instó a que se marchara a su pueblo y se presentara al alcalde, y añadió: «Él sabrá qué hacer, si es que hay que hacer algo».

A partir de ese momento, el ya expiloto de la desaparecida República, buscó la forma de llegar a su pueblo y encontrarse con su familia.

Inicio de la dictadura

Comenzar de nuevo. Sobrevivir

Para Hilario, el hecho de presentarse ante un alcalde franquista no era lo más sugestivo. Sea como fuere, vio a su familia, pero optó por quedarse, de momento, en la cementera donde había trabajado y en la que su padre seguía siendo encargado general. No quería presentarse ante autoridad alguna, hasta saber cómo quedaba la situación tras la guerra.

Su presencia fue conocida y el alcalde de Villasequilla mandó a la Guardia Civil en su búsqueda. En la cementera, dicha autoridad se personó tres veces sin éxito. Realmente era imposible localizarlo en una explotación tan grande sin contar con la complicidad del personal, que evidentemente estaba a favor de Hilario.

Otro motivo de preocupación era la situación que vivía su hermana Antonia, cuyo marido, Bautista Ruiz, estaba detenido en la cárcel de Ocaña condenado a muerte. Apenas habían pasado unas semanas desde que diera el paseo aéreo a su cuñado y todo había cambiado radicalmente a peor.

Con aquella incertidumbre Hilario no podía vivir y, sabiendo que Teresa y su hijo estaban bien, decidió marcharse clandestinamente a Madrid.

Otra cuestión es que, la ya difícil situación económica provocada por la guerra, empeoró en los lugares donde prevaleció la República. El Banco de España, gestionado ahora por los vencedores, solo admitió para cambiar a la peseta oficial los billetes emitidos antes de 1936, anulando de esta forma los que la República fue sacando en plena guerra, de manera que dejaron a gran parte de la población española sin dinero. Los recursos con los que Hilario asumió la clandestinidad debieron ser muy escasos.

El primer lugar al que se desplazó fue a Arganda del Rey, localidad cercana a Madrid. Allí fue contratado por una empresa de calderería, que tenía encargada la fabricación e instalación de una gran torre para Radio Nacional de España (que aún existe), en la carretera de Valencia, a las afueras del municipio. Su labor consistió en el montaje en altura de dicha antena, un trabajo muy peligroso.

Las noticias de la represión que Franco había iniciado contra los que defendieron la República y el temor a ser detenido para ser condenado a prisión o fusilado, le provocó un estrés tal que le salieron sarpullidos en el cuerpo, algo que no le había pasado ni en los peores momentos en los frentes de guerra.

El fusilamiento de su cuñado en la prisión de Ocaña no hizo más que acrecentar el temor. Además, la burocracia del régimen no lo había olvidado y, al domicilio paterno, llegó una carta del ejército donde se le informaba de que había sido destinado, en caso de ser necesario, a un puesto de ametralladoras en aquella región.

Procedimientos de la Justicia Militar contra el personal militar que luchó en la aviación republicana durante la Guerra Civil (1936-1945)[36]

Si bien la guerra terminó en su aspecto de contienda armada, no lo hizo respecto al futuro que les esperaba a quienes fueron leales a la legalidad cuando se produjo la sublevación armada del general Franco y el resto de conspiradores.

Aquellos que no pudieron esconderse o no quisieron exiliarse en un primer momento fueron detenidos, en su mayoría, y sometidos a procesos judiciales con penas de cárcel o incluso el fusilamiento.

Pero la represión no sólo fue carcelaria. También se abrieron «Expedientes de Responsabilidades Políticas» bajo la acusación de haberse rebelado contra los golpistas. Estos procesos se cebaron con los exmilitares, pero también con sus familias, que fueron sancionadas con grandes multas, sufriendo la enajenación de todos sus bienes mobiliarios o inmobiliarios en muchos casos. A los que fueron condenados, tras salir de prisión les esperaba un castigo más; tener que agarrarse a cualquier trabajo para malvivir. Como ya hemos comentado, Hilario sorteó la captura, y solo la suerte o la habilidad le permitieron que, con el paso del tiempo, se olvidaran de él.

Consejos de Guerra contra los aviadores de la República

JUZGADOS	3.289
CONDENAS:	
Penas de muerte	154
Prisión perpetua	20
30 años	203
25 años	13
20 años	173
16 años	43
15 años	16
12 años	288
10 años	2
9 años	20
8 años	48
7 años	2
6 años	342
5 años	4
4 años	84
3 años	221

2 años	139
1 años	82
6 meses	171
3 meses	3
TOTAL	**2.028**
Absueltos, en rebeldía, sin responsabilidad, sobreseído provisional, sin sanción	
TOTAL	**1.261**

Sigüenza

Terminada la guerra, al padre de Teresa, ferroviario, lo destinaron a dicha ciudad. Alquilaron un piso en la Plaza de España nº 1, donde vivieron Teresa y su hijo con sus padres. El cambio de aires les vino bien para retomar la vida en un lugar donde no eran conocidos. Hilario iba los fines de semana desde Arganda, donde seguía trabajando. Allí se escolarizó el pequeño Hilario.

Regreso a casa y nuevo trabajo

Pasados dos años, Teresa con su hijo retornaron a Castillejo, pedanía situada a escasa distancia de Villasequilla, lugar donde se ubicaba la fábrica de cemento y vivían los padres de Hilario. Allí, el 18 de noviembre de 1942, nació Teresa Ángela, el segundo vástago. El 2 de octubre de 1944 nacía en Yepes, (cercano a Villasequilla), Rosalía.

Boda eclesiástica

En el año 1945 el matrimonio de Hilario y Teresa a ojos del régimen era ilegal, pues no se había celebrado la correspondiente unión eclesiástica. La presión y las recomendaciones de las autoridades de su pueblo y la Iglesia católica, que sin duda ejercieron, consiguieron disuadir a la pareja para que «normalizara» su unión, celebrando el 6 de octubre de 1945 la boda católica en la iglesia de Villasequilla.

El sacerdote que ofició la misa fue D. Salustiano Santos Aguado, que había cantado su primera misa en la toledana localidad de Don Fadrique en junio de 1936 y nombrado ecónomo de Villasequilla en julio de 1941. Este religioso había vivido durante la guerra los episodios que acabaron con la vida de numerosos seminaristas y sacerdotes de Toledo. Circunstancia que, afortunadamente, no influyó en las gestiones y oficio del rito, evitando consecuencias represivas para Hilario y su familia.

El 25 de marzo de 1947 nació en Yepes Tomás, el cuarto hijo. Pasados esos años, Hilario inició una relación laboral con la empresa «Portolés», nombre que hacía mención al accionista principal, que era de Zaragoza. Esta empresa estaba estrechamente relacionada con la industria cementera, principalmente con Portland Ibérica (fundada en 1903), para la que Hilario había trabajado en Castillejo.

«Portolés» se dedicaba a la construcción de grandes infraestructuras, como pantanos o túneles. El citado accionista principal era un personaje muy cercano al dictador Franco, del que había sido secretario personal. Su influencia era grande por razones obvias, y el trabajo de su empresa en grandes obras no tenía fin. Hilario no tuvo relación con él. Por el contrario, la tuvo muy buena con los otros dos socios de la empresa.

Durante los largos años de posguerra, muchas de las grandes empresas utilizaron mano de obra esclava. Presos republicanos, a los que se obligaba a trabajar por una miseria como única forma de redimir sus condenas, al haber caído en el «error» de defender con las armas la legalidad democrática que representaba la República, aunque muchos de ellos simplemente fueron movilizados por reemplazo.

Podemos asegurar que, en ese sentido, Hilario sorteó la situación con inteligencia, eludiendo entrar en ese modelo represivo. Al igual que había evitado su detención tras la guerra, consiguió, no sin pasar grandes penurias, trabajar y ser apreciado profesionalmente como mecánico ajustador. Con el empleo que le proporcionaba la nueva empresa, Hilario recorrió con su familia gran parte de España trabajando en grandes obras. Durante ese tránsito nacieron Vicente, Francisca Coral y María del Sol.

Túnel de Torralba, Soria

Para salir de Soria, el tren tiene que pasar por un largo túnel que empieza en la localidad de Torralba del Moral. Después de 3.231 metros, el ferrocarril aparece ya en la provincia de Guadalajara, en la localidad de Horna.

Este túnel de Torralba-Horna es el más largo de Soria. Fue construido en los años 50. Estando Hilario trabajando allí, el 22 de marzo de 1951 nació Vicente, el quinto hijo.

Pantano de Gabriel y Galán, Cáceres

Las obras del citado embalse comenzaron a finales de 1952, quedando finalizado en 1961. Apenas llegados a dicho lugar, el 3 de diciembre de 1955, Teresa tuvo a Francisca Coral, el sexto de sus hijos.

El lago de Puentes de García Rodríguez, El Ferrol, La Coruña

En 1959, Hilario se encontraba trabajando en dicha obra cuando el 3 de febrero de 1959 Teresa tuvo a su hija María del Sol, séptimo y último retoño de la pareja.

El lugar es el lago artificial más grande de Europa y constituye la segunda mayor reserva de agua dulce de Galicia. Creado por la compañía eléctrica, Endesa para rellenar el hueco de la mina de Puentes.

Los avisos del destino

Como hemos relatado a lo largo de esta semblanza, la muerte no estuvo interesada en Hilario ni en los momentos más críticos del enfrentamiento armado entre españoles. De forma increíble, había sorteado cantidad de peligros y situaciones comprometidas. También tras la contienda, evitando ser apresado o realizando trabajos peligrosos.

Su fortaleza física y mental le permitió afrontar una gran carga de trabajo y responsabilidad. Pero la vida lo iba a poner de nuevo a prueba, llevándolo a sufrir nuevas y duras condiciones.

Embalse de IP, Canfranc, Huesca. Un incidente que pudo costarle la vida

Fue la primera Hidroeléctrica reversible que se construyó en Aragón y se terminó en 1968. Para ello se recreó el lago pirenaico de IP, situado a 2.119 metros de altitud, facilitando una caída de agua de 1.000 metros para generar electricidad. Hilario trabajó allí hasta mediados los años 60. Una tarde ascendió al lago desde el taller, que estaba situado en una cota más baja, para reparar una máquina. Sin duda, pensó que le costaría menos tiempo la reparación, pero se le hizo de noche y en la cumbre no había quedado nadie más.

Cuando se dispuso a bajar todo estaba oscuro y se desorientó a la hora de encontrar el camino de regreso. Tras desistir en la búsqueda de la ruta correcta y, sintiendo que el frío intenso se apoderaba del ambiente, se refugió debajo de una máquina. Un ayudante que trabajaba con él se dio cuenta de que no había regresado y que su ropa seguía en la taquilla. Pensó que a Hilario le había pasado algo y ascendió para revisar el lugar. Afortunadamente, lo encontró acurrucado y pasmado de frío con los primeros síntomas de hipotermia, algo que, por otra parte, no era desconocido para Hilario. El caso es que, de no haber sido rescatado, en aquellas circunstancias podía haber muerto de frío. El joven que lo salvó era de Zaragoza y llegó a ser campeón de lucha libre. Hilario y su familia mantuvieron una duradera amistad con dicho compañero.

En aquellos años Teresa se había instalado con sus hijos en Zaragoza. Hilario se desplazaba en el «Canfranero» (tren que unía Canfranc con Zaragoza) cuando podía y, en verano, terminado el curso escolar, Teresa se desplazaba a Canfranc con Coral y Marisol, las más pequeñas de su numerosa familia, quedando el resto en Zaragoza al cuidado de los hijos mayores.

Embalse de Contreras. Ictus que le paralizó medio cuerpo

Dicho embalse se encuentra situado entre los municipios de Villargordo del Cabriel, en la provincia de Valencia, y La Pesquera, Mira, Enguídanos y Minglanilla, en la provincia de Cuenca, obra que se terminó en 1974. A comienzos de los años 70, Hilario se encontraba trabajando allí. Teresa se había instalado definitivamente en Zaragoza, y todos sus hijos, excepto el mayor, que vivía en Madrid, se habían acomodado en la capital aragonesa. Hilario se desplazaba durante el tiempo de descanso que podía acumular.

La salud le había respetado hasta ese momento, pero, de improviso, la mitad de su cuerpo se paralizó. Los médicos le diagnosticaron un ictus cerebral. Avisado del suceso, su hijo Hilario se desplazó desde Madrid, en compañía de Javier, un cuñado suyo, para atender a su padre. Finalmente, se decidió que Javier llevaría al enfermo a Zaragoza, donde en compañía de Teresa y sus hijos podría recuperarse.

El final de la vida laboral

Hilario ya no podría volver a trabajar. Tras un periodo de baja laboral tuvo que pasar un tribunal médico, que le dio una miserable incapacidad del 30%, algo totalmente insuficiente para vivir.

En Madrid, su hijo Hilario tenía de vecino al jefe de los sindicatos de Madrid. Una Institución establecida por el régimen franquista para mediar (supuestamente) en los problemas entre trabajadores y empresarios. El cargo era muy importante en ese tiempo y la persona que lo ostentaba daba fe de que su capacidad para influir dentro del régimen era muy alta. Hilario le contó el problema de su padre y éste le entregó una tarjeta suya, para que se la diera a los que debían revisar la incapacidad. Por razones que desconocemos, la revisión médica se produjo en Valencia e Hilario hizo lo que su hijo le había señalado. No hicieron falta más palabras. Tras la vista médica la nueva resolución le reconoció el 100% de incapacidad.

Conseguida la mejora económica, Hilario se centró en su recuperación. Realizó ejercicios físicos con una tenacidad que solo él era capaz de llevar a cabo, y consiguió tras sufrido esfuerzo recuperar la movilidad de su cuerpo, al punto de que nada hacía pensar que había sufrido tan grave episodio.

El régimen democrático

Un nuevo tiempo en España. La muerte del dictador

A las 4:58 horas del 20 de noviembre de 1975, el teletipo de Europa Press lanzó la siguiente frase: «Franco ha muerto. Franco ha muerto. Franco ha muerto».

Tras la muerte del dictador la presión de los movimientos populares, políticos y sindicales, aceleraron unos cambios que fueron imparables.

Es fácil imaginar la emoción que tantos Hilarios y Teresas sintieron al ver caer la losa que habían acarreado durante los tres años de guerra y 36 de represión. Al final, el hombre que había ensangrentado España yacía en el hueco que él mismo se había reservado en el templo construido con la sangre, el sudor y las lágrimas de los que sí habían sido fieles a su país.

Pero aquella alegría no podía pecar de ingenuidad. Quedaba mucho por hacer, mucho camino que recorrer en el reconocimiento de los derechos perdidos. Un régimen que se acuesta fascista, no se levanta democrático al día siguiente. Los miembros de las Fuerzas Aéreas de la República, aquéllos que habían sobrevivido, se pusieron en marcha y se organizaron con la ayuda de los que ya lo habían hecho en el exilio. No iba a ser fácil, pero ellos estaban acostumbrados a luchar.

La vida asociativa de los Aviadores de la República[37]

La primera organización de aviadores republicanos españoles que se creó fue la Liga de Antiguos Aviadores de la República Española —Alas Plegadas—, surgida en París en 1951, siendo presidida honoríficamente por el general Emilio Herrera Linares. Uno de los objetivos de Alas Plegadas era localizar y ayudar a los aviadores diseminados por el mundo tras el fin de la Guerra Civil, siendo destacable la ayuda que ofreció a los aviadores que escapaban clandestinamente de España y atravesaban los Pirineos sin documentación.

La misión de Alas Plegadas, en colaboración con el Gobierno de la República en el exilio, era llevarlos hasta la organización de Refugiados Políticos y Militares y, atestiguar con un documento, que estaban bajo la protección de los Acuerdos de Ginebra, por lo que las autoridades francesas no podían devolverlos a España. Después, Alas Plegadas les facilitaba la vía para obtener la residencia y encontrar un empleo a los refugiados…

Mientras que Alas Plegadas desarrollaba su actividad benéfica en Europa, en agosto de 1958 los aviadores exiliados en México acogieron con enorme simpatía la propuesta que hizo el coronel Francisco León Trejo, ingeniero aeronáutico de la aviación republicana, exiliado en los EE.UU., para que se le hiciera un homenaje al general Emilio Herrera Linares. Herrera, ingeniero militar, gozaba de un enorme prestigio científico por sus investigaciones sobre la aeronáutica y el espacio (diseñó una escafandra para una ascensión en globo que fue considerada por la NASA estadounidense como el precedente de los trajes espaciales). Al finalizar la guerra de España, Herrera se vio obligado a exiliarse en París, donde vivió junto a su esposa Irene de una manera muy humilde durante la ocupación alemana y los primeros años de la posguerra, sobreviviendo gracias a los artículos científicos que publicaba en la revista *L'Aerophile*. Herrera era un referente de moralidad e integridad para los aviadores republicanos. En los años 50, su amigo Albert Einstein le propuso a la UNESCO en calidad de consultor sobre temas de física nuclear, cargo del que dimitió cuando la ONU aceptó el ingreso de la España de Franco.

A fin de que Herrera, que era sumamente modesto, no se opusiera a la iniciativa de León Trejo y sus compañeros de México, se le dijo que iba a ser invitado por la Universidad de México para que impartiera conferencias en dicha institución, así como por el Ateneo Republicano, la Casa de las Españas y, finalmente, la Universidad de Columbia en los EE. UU. El largo viaje americano de Herrera culminó con una recepción en el Palacio Nacional por parte del presidente de México, Adolfo López Mateos. En realidad, todos los gastos del viaje y estancia de Herrera y su esposa en México y EE. UU., que tuvo lugar en mayo-junio de 1959, fueron íntegramente costeados por la suscripción voluntaria de los aviadores españoles en México, que fueron organizados en una comisión dirigida por Antonio Camacho.

Al finalizar los actos de la estancia de Herrera, la comisión convocó a los suscriptores a una asamblea general celebrada el 11 de agosto de 1959 en el Centro Republicano Español en México DF (que aquel año se encontraba en la calle Venustiano Carranza 50), para decidir qué se iba a hacer con el sobrante económico obtenido en la suscripción. Los aviadores republicanos decidieron crear una asociación completamente apolítica, que pretendía conservar el espíritu del compañerismo forjado en defensa de la República durante la Guerra Civil, así como prestar ayuda moral y material a los compañeros o familiares en México, España y otros países, que por diversas razones estuvieran en una situación precaria. En esa asamblea se aprobó la creación de la Asociación de Aviadores Republicanos Españoles (AARE), siendo escriturada el 7 de julio de 1966 y registrada posteriormente el 15 de septiembre.

A partir de los años 70, en España, a raíz de una serie de comidas de confraternidad en Valencia, Madrid y Benidorm, en las que también participan algunos aviadores «mexicanos», se gesta el germen de lo que sería a partir de 1976 la Asociación de Aviadores de la República (ADAR).

Jaime Mata Romeu fue elegido primer presidente en la 1ª Asamblea legal organizada en Sant Boi de Llobregat (Barcelona).

ADAR se organiza en cuatro delegaciones: Centro-Noroeste-Canarias, con sede en Madrid y que publica el *Boletín Ícaro*; Catalana-Norte-Balear, de Barcelona, con su *Boletín Alas Gloriosas*; Levante (Valencia) y Delegación Sudeste (Murcia) que aportaban noticias a los boletines mensuales de las delegaciones anteriores.

Con la llegada de la democracia a España, ADAR centra sus esfuerzos en la rehabilitación profesional y la obtención de las correspondientes graduaciones militares de los aviadores republicanos. A partir de 1977 se inicia la batalla legal para el reconocimiento de los derechos de los militares de la República. El largo proceso reivindicativo da comienzo bajo el gobierno del presidente Adolfo Suarez González.

RESOLUCIONES
BOLETIN OFICIAL DEL MINISTERIO DE DEFENSA.
Jueves 19 de octubre de 1989
PERSONAL ACOGIDO A LA LEY 37/84,
DE 22 DE OCTUBRE

Retiros

Orden Ministerial 413/18139, de 1989, por la que se dispone el pase a la situación de retirado del personal que se cita.

De conformidad con la disposición adicional primera de la Ley 37/84, de 22 de octubre, en relación con el artículo 4, punto 2, apartado b), del Real Decreto 1033/85, de 19 de junio, que la desarrolla, se declara en situación de retirado al personal que a continuación se relaciona:

HINOJOSA HUETE HILARIO,
COMANDANTE AVIACION, 21-10-1975

El proceso legal requirió su paso por los tribunales e incluso por el Tribunal Constitucional (que desestimó el recurso de amparo). Finalmente, a los demandantes les fue reconocida su pertenencia al Ejercito del Aire de España y restaurada la graduación que hubieran alcanzado de haber mantenido sus carreras militares.

Listado de afiliados de ADAR en Zaragoza[38]

CARTAGENA BURILLO, Alejandro. — P.º María Agustín, 21-23, 6.º A. — ZARAGOZA.

GARGALLO JARIOD, Domingo. — Valimaña, 1. — CASPE (Zaragoza).

GIMENEZ ABELLANER, Federico. — García Sánchez 23, 2.º B. — ZARAGOZA-5.

HINOJOSA HUETE, Hilario. — Duquesa de Villahermosa, 7, 3.º C. — ZARAGOZA.

GONZALEZ HERVAS, Arturo. — Av. Gómez Laguna, Universitas 3. — ZARAGOZA.

MARTI EGEA, Francisco. — Cr. de Purroy, 71. — MORATA DE JALON (Zaragoza).

MARTINEZ DE PEY, Alberto. — Panzano 5, 2.º dcha. — ZARAGOZA-4.

MARTINEZ SAEZ, Miguel. — Fdo. el Católico, 53, 7.º — ZARAGOZA.

MARTINEZ SALUEÑA, Antonio. — Mr. de Ahumada, 25. T. 373 592. — ZARAGOZA-7.

ORTIZ DE LANDAZURI LOPEZ, Rafael. — Miguel Servet, 124, 4.º 1.ª — ZARAGOZA.

PENACHO UTRILLA, Rogelio. — Mariano Carderera 4, 5.º B. — ZARAGOZA.

SEBASTIAN, Félix. — Tenor Fleta, 32, 3.º izq. — ZARAGOZA.

Biografías

Ignacio Hidalgo de Cisneros

 Vitoria-Gasteiz (Álava, España), 11 de julio de 1896-Bucarest (Rumanía), 9 de febrero de 1966. Militar y aviador español. Comandante de aviación, exiliado tras la Guerra Civil. Perteneciente a una familia de militares y descendiente del último virrey del Río de la Plata, Baltasar Hidalgo de Cisneros. Hijo de Ignacio Hidalgo de Cisneros y Unceta y de María López de Montenegro y González Castejón. Realizó estudios de piloto miliar en la Academia de Intendencia Militar en Ávila y en el aeródromo de Cuatro Vientos. Tras el desastre de Annual es destinado como piloto a Melilla. En su destino como segundo jefe de la escuela de vuelos de Alcalá, comienzan sus contactos con los aviadores republicanos como los comandantes de Aviación Luis Riaño y Ángel Pastor. Se vio involucrado en la intentona contra la monarquía de diciembre de 1930 y al fracasar ésta se marchó a París, dónde conoce a Indalecio Prieto. Vuelve a España con el triunfo de la República y es destinado a la Escuela de Aviación de Alcalá

como segundo jefe y después como jefe. Su compromiso con la República se hace más sólido, colaborando decididamente en el proyecto de reforma militar de Azaña.

Entre 1933 y 1935 estuvo destinado en Roma y Berlín como agregado de Aviación. Al iniciarse la Guerra Civil su papel junto con el de Núñez del Prado, jefe de Aeronáutica, permitió que gran parte de la aviación quedase en manos republicanas. Durante el desarrollo de la contienda su actuación fue destacada: recepcionó y preparó los aviones soviéticos, organizó cursos de pilotos en la Unión Soviética, dirigió a la Aviación en la batalla del Jarama y las operaciones militares en Aeronáutica en 1937 en Cataluña. Tras el golpe del general Casado salió de España hacia Toulouse (Francia). Se trasladó a la URSS a finales de 1939 y, acabada la II Guerra Mundial, se exilió en México con su esposa Constancia de la Mora, que moriría en Guatemala en 1950. En el año 1951, tras pasar por varios países europeos, se instala definitivamente en Bucarest (Rumanía), dónde participará en Radio España Independiente (la Pirenaica). Falleció en Bucarest el 9 de febrero de 1966. En 1994, sus restos mortales fueron repatriados por sus familiares al panteón familiar de los Hidalgo de Cisneros en Vitoria. [Datos: Portal de Archivos Españoles].

Rómulo Negrín Mijailov

Madrid, 8 de mayo de 1917 - Guadalajara (Méjico) el 30 de julio de 2004. Hijo del presidente del Gobierno de la República Española. Cuando estalló la guerra, con apenas 19 años, junto a su hermano mayor Juan, se integró en las filas de las milicias socialistas. A finales de la primavera de 1937, Rómulo decide ingresar en la Fuerza Aérea.

El 20 de julio de 1937 salió con la 2ª Expedición de alumnos españoles que, bajo la dirección del famoso aviador Andrés García Lacalle, se dirigía a Kirovabad (Azerbaiyán) para realizar el curso de piloto. A finales de diciembre regresó a España con el empleo de sargento el 20.11.37.

Se incorporó a la 4ª Escuadrilla de Caza del Grupo 26 equipada con Polikarpov I-15 «Chato». Combatió en los frentes de Levante y fue ascendido a teniente. Al parecer fue derribado en dos ocasiones; la segunda vez, antes de la ofensiva del Ebro, fue abatido durante un combate aéreo y después de lanzarse en paracaídas cayó en territorio propio.

Al iniciarse la batalla del Ebro es enviado junto a otros pilotos a la Escuela Superior de Pilotaje de Lípetsk (URSS).

Cuando finalizó la guerra en España abandonó la Unión Soviética en compañía del que fuera jefe de las Fuerzas Aéreas de la República, Ignacio Hidalgo de Cisneros, que viajó a Rusia para sacarlo de allí. Tras pasar por Francia, desde el puerto de Amberes, Bélgica, el 23 de octubre de 1939, y en compañía de Hidalgo de Cisneros, embarcó en el vapor «Westernland» con destino a USA, instalándose en la ciudad de Nueva York. Cursó los estudios de ingeniero aeronáutico. Se casó con Jeanne Francis Fetter el 2 de febrero de 1944 y tuvieron dos hijos, Juan Román y Carmen.

En 1944 se afincó en México trabajando en los talleres Aeronáuticos de Balbuena, combinando su actividad como ingeniero con la de vendedor de maquinaria industrial. Se naturalizó estadounidense el 12 de enero de 1945. En 1956, cumplió la voluntad de su padre, entregando al régimen de Franco el acta del depósito de los metales preciosos que el Gobierno de la República entregó a la URSS para el pago de la ayuda soviética. En 1969 se trasladó a Guadalajara donde se dedicó a la venta de equipo de transporte pesado hasta su jubilación.

3ª Escuadrilla . Escuadra ll. Grupo 21

La 3ª Escuadrilla de cazas Polikarpov I-16 perteneciente al Grupo 21, ha sido una de las más reconocidas y admiradas dentro del conjunto de las Fuerzas Aéreas de la República. Su acción, aun siendo intensa durante toda la guerra, no debe menoscabar el papel que en conjunto realizó toda la aviación gubernamental. Su fama, tal y como algunos historiadores han destacado, se debe, además de las hazañas heroicas de sus componentes, a los libros que algunos de sus miembros escribieron y que dieron un gran impulso al conocimiento de cuanto sucedió en el aire. El presente anexo nos presenta las biografías de los jefes y algunos compañeros del sargento Hilario Hinojosa Huete durante su paso por la citada escuadrilla.

José María Bravo Fernández-Hermosa

Madrid, 8 de abril de 1917 – Falleció en Madrid el 26 de diciembre de 2009. José María Bravo se formó en el ámbito académico-intelectual de la Institución Libre de Enseñanza y desde joven sintió pasión por los deportes, asistiendo a los cursos de vuelo sin motor que se hacían en Ocaña (Toledo). Su muy completa formación intelectual le permitió realizar intercambios estudiantiles en Alemania (donde permaneció un curso completo entre 1932 y 1933). Antes del verano de 1936 estaba preparando el ingreso en la Escuela de Ingenieros de Caminos, pero el estallido de la guerra le encontró en Santander, presentándose como voluntario a Aviación en el campo de La Albericia, donde realizó sus primeros vuelos como tripulante desde este campo y el de Llanes.

El 6 de noviembre partió en barco hacia Francia y regresó a España por Barcelona, donde se presentó a la convocatoria de pilotos que por esas fechas se estaba realizando. Perteneció a la 1ª Expedición de Kirovabad. Regresó a España en junio de 1937, habiendo sido nombrado cabo el 31 de marzo, y sargento el 30 de abril. Es destinado a la 1ª Escuadrilla de «Chatos» haciendo algunos servicios en la batalla de Brunete. Poco después pasó a la 1ª Escuadrilla de «Moscas» que se estaba reorganizando en Los Llanos bajo el mando de Devotchenko donde llegará a alcanzar la jefatura de una patrulla.

El 15 de agosto sufrió un grave accidente en el que se le llegó a dar por muerto en combate en Belchite y, en diciembre de 1937, cuando Eduardo Claudín pasó a mandar la 1ª Escuadrilla, Bravo se convirtió en el segundo jefe de la Escuadrilla. El 6 de febrero de 1938 fue herido por el impacto de una granada antiaérea, pero se restableció, siendo propuesto para su ascenso a teniente en febrero de 1938.

En la segunda quincena de abril se reconstituyó la 3ª Escuadrilla, ahora con personal español, y Bravo asumió su mando.

Bravo fue promovido a capitán el 31 de mayo de 1938. La 3ª Escuadrilla actuó desde Sagunto toda la campaña de Castellón; en El Vendrell, cuando el ataque a la cabeza de puente de Balaguer, y basado en Camporrobles en los días del ataque final a Valencia; antes había estado algún tiempo en Alicante, como defensora del puerto. En las primeras semanas del Ebro operó desde Pla de Cabra, tras una breve estancia en El Vendrell. El 27 de agosto le nombraron segundo jefe del Grupo 21, cediendo el mando de la 3ª Escuadrilla a Francisco Tarazona.

Finalizando la guerra atravesó la frontera francesa a primeros de febrero de 1939 y, tras su estancia en los campos de Argelés y Gurs, aceptó la oferta de ir a la URSS en julio de 1939.

Bravo estudió en la Escuela de Ingenieros de Járkov (Ucrania) pero, al producirse la invasión alemana de la URSS, se alistó en una unidad de ingenieros minadores, con la que actuó tras las líneas enemigas, colaborando con partidas de guerrilleros. En el verano de 1942 pasó a la aviación, y estuvo destinado en Bakú, encuadrado en unidades de la defensa aérea de esa estratégica zona.

En noviembre de 1943 formó parte de la escolta aérea de Stalin cuando éste asistió a la conferencia de Teherán. Tras la guerra, continuó en activo y en el verano de 1947, con el grado de teniente coronel, acudió a la Escuela Superior de Aviación de Mónino, cerca de Moscú, para iniciar el curso de Estado Mayor. Desmovilizado del ejército ruso, ejerció como decano de la Facultad de Intérpretes.

Regresó a España en 1960 para cuidar a sus padres, donde no se le permitió volar más ni ejercer la docencia. Hasta su fallecimiento, el 26 de diciembre de 2009, con 12 derribos confirmados y 11 probables, el coronel José María Bravo fue el mayor as vivo de la Aviación Española.

Francisco Tarazona Torán

Nació el 21 de junio de 1913 en México D.F. (México) Falleció en Cuernavaca (México), el 1 de julio de 1989.

Francisco Tarazona era hijo de Francisco Tarazona Pérez y Dolores Torán, ambos naturales de Valencia, España. Él un arquitecto español.

Fotografía: Biblioteca Nacional Hispánica.

Pasaron varios años en el país americano y regresaron a España cuando su hijo contaba 4 años, domiciliándose en Valencia.

Al producirse la sublevación militar, Tarazona se presentó a las convocatorias gubernamentales para convertirse en piloto. Perteneció a la 1ª Expedición de Kirovabad. Salieron del puerto de Cartagena (18 de enero de 1937) en el «Ciudad de Cádiz». Tarazona regresó a España en junio con el empleo de sargento piloto (D.O. n° 183 del 30/07/1937). En el aeródromo de Alcalá de Henares se incorporó a una escuadrilla de Polikarpov I-16 «Mosca» que viajó a la Zona Norte para ponerse a las órdenes de Boris Smirnov. Tarazona combatió en ese frente hasta su derribo en octubre de 1937. Evacuado a Francia, se recuperó de sus heridas en la casa de reposo de La Malvarrosa (Valencia). Fue dado de alta en febrero de 1938 y, después de seguir un periodo de reentrenamiento en El Carmolí, fue destinado en marzo a Caspe para unirse a la 1ª Escuadrilla, donde Eduardo Claudín le asignó el mando de una patrulla. A mediados de abril de 1938 se unió a la reconstituida 3ª Escuadrilla de «Moscas», dirigida por José María Bravo, en la que participó como jefe de patrulla y luego ascendió a segundo jefe de la unidad en las campañas de Levante y el Ebro. Fue nombrado jefe de la 3ª Escuadrilla al dejarla Bravo para ejercer como segundo jefe del Grupo 21. Según Circular (*Diario Oficial del Ministerio de Defensa Nacional*. núm. 268, del 15 de octubre de 1938), como recompensa a los méritos y servicios prestados por el sargento de aviación, se resolvió otorgarle el empleo de teniente de aviación. Finalizó la contienda con el galardón de as con 6 derribos de aviones enemigos confirmados. En febrero de 1939 atravesó la frontera pirenaica, siendo recluido en el campo de concentración de Argelés-sur-Mer. El 27 de febrero de 1939 dirigió una carta a la Embajada de México en Paris, desde dicho campo, pidiendo que legalizasen su situación al ser de nacionalidad y natural de México, para poder reunirse con su familia. El 1 de julio de 1939 recibió escrito de la Embajada confirmando que quedaba aprobada su entrada a Méjico a bordo del vapor «Mexique», llegando al puerto de Veracruz el 27 de julio de 1939. El 7 de mayo de 1941 se casó con Lucía Neri Jiménez. Posteriormente, se casó de segundas nupcias con Elena Carmona. Siguió vinculado al mundo aeronáutico comercial hasta su fallecimiento. Escribió: *Yo fui piloto de caza Rojo* y *El Despertar de las Águilas*.

Ingresó en la Compañía Mexicana de Aviación formando parte de la plantilla durante 27 años. Fue Inspector de Aeronáutica Civil.

El 6 de enero de 1976, en un acto al que acudieron varios compañeros del Arma de Aviación de la República, el Secretario de Comunicaciones del Gobierno de México le entregó un premio por hacerse acreedor de 20.000 horas de vuelo. Tras finalizar su contrato con la Compañía Mexicana de Aviación, fue instructor de vuelo en la Escuela de Vuelo de José Bastida hasta que, en 1974, fundó la Escuela de Aviación Francisco Tarazona; posteriormente se retiró a Cuernavaca donde siguió volando con mucha soltura una Cessna 182 (Fuente de datos: Registro Civil de México DF. Indexación: Memorica México. Portal de Movimientos Migratorios. Documentación de exiliados. Extracto «Hacia la República del destierro. Los aviadores españoles exiliados en México» de Carlos Lázaro Ávila. ADAR).

Manuel Montilla Montilla

Nació en Madrid, el 10 de junio de 1918 – Falleció en México el 12 de junio de 2007. Apodado «El Pajarito». Su padre fue coronel de Infantería. Manuel creció en el seno de una familia de hermanos militares. En 1932, con 14 años y de ideas progresistas, fue miembro fundador de las Juventudes de Unión Republicana y colaboró con el futuro presidente de las Cortes Republicanas, Diego Martínez Barrio. Durante la defensa de Madrid, hasta febrero de 1937, perteneció al batallón «Martínez Barrio» como miembro de las Juventudes del Partido Republicano Radical y obtuvo el grado de teniente de milicias. El 19 de marzo de 1937, el Ministerio del Aire aprobó su ingreso en la Fuerza Aérea, concentrado en «Los Alcázares», Murcia. Perteneció a la 2ª Expedición de Kirovabad. Estuvo en la Escuela de Aviación situada en la población de Kirovabad, donde le llamaban «Manilov». Los componentes de esta promoción fueron regresando por tandas a partir de noviembre de 1937 hasta febrero de 1938.

Según Circular núm. 3703 (*Diario Oficial del Ministerio de Defensa Nacional,* núm. 58 del 9 de marzo de 1938), se resolvió otorgarle título de Piloto Militar y el empleo de sargento del Arma de Aviación con antigüedad del 7 de enero de 1938.

Se incorporó a la 3ª Escuadrilla de Polikarpov I-16 «Moscas» del Grupo 21, que mandaron sucesivamente Bravo y Tarazona, y de la que fue segundo jefe, participando en las batallas de Levante, Ebro, Madrid y Cataluña. El 19 de octubre de 1938 ascendió a teniente.

El ocho de febrero de 1939 pasó su última noche en España antes de pasar a Francia, siendo internado en el campo de concentración francés de Gurs, de donde se escapó en dos ocasiones. Embarco en el «Ipanema» con destino a México, gracias a una nueva mediación de Martínez Barrio.

Montilla se casó en México DF el 7 de marzo de 1940 con Paz González Echevarría, de 19 años y natural de Oviedo, aunque años después se divorciarían. Desempeñó varios oficios: pegaba carteles de propaganda en la calle, ayudante de contable, etc. Se asoció con Leocadio Mendiola y E. Villaceballos para formar una empresa de transporte aéreo de pescado y marisco que desplazaban en vuelo desde el puerto de Zihuatanejo (Guerrero, costa del Pacífico) hasta la Ciudad de México, vendiéndolo en el mercado de San Juan. Después, desempeñó otros empleos, hasta que en 1955 fue nombrado director general para México de Laboratorios Wintrop.

En 1969 regresó clandestinamente a España para colaborar en la reorganización del partido Izquierda Republicana, pero fue perseguido por la policía y tuvo que huir a Francia, radicando definitivamente su vida en México.

Fue socio fundador y vicepresidente de la AARE, además de vocal de relaciones públicas del Ateneo Español de México. Montilla es autor de *Héroes sin rostro*, obra autobiográfica sobre su participación en la guerra aérea. Después de obtener su reconocimiento de militar profesional como comandante de Aviación y fecha de retiro de 10 de junio de 1980, simultaneó sus estancias entre Madrid y México, siendo en esta ciudad donde falleció (Fuente de datos: ADAR. Registro Civil México. Documentos Embajada México en París. *Boletín Oficial del Ministerio de Defensa Nacional* nº 58, Barcelona, 9 marzo 1938).

Salvador Artigas Sahún

Nació en Barcelona 23 de febrero de 1913 - Falleció en Benidorm (Alicante), el 6 de septiembre de 1997.

A los 15 años inició su carrera como jugador de fútbol en los equipos juveniles del Fútbol Club Barcelona, llegando al primer equipo en la temporada 1930/1931 de la Primera División española. Durante la Guerra Civil se inscribió en las convocatorias gubernamentales para alumnos-piloto y viajó a Francia, donde realizó el curso de vuelo elemental en la Escuela de Vuelo de Agen, completando su formación militar en la Escuela de Alta Velocidad de El Carmolí (Murcia).

Según Circular núm. 244 (*Diario Oficial del Ministerio de Defensa Nacional,* del 11 de octubre de 1937, del Ministerio de Defensa Nacional), se resolvió otorgar al cabo el título de piloto militar de aeroplano con la antigüedad de 29 de septiembre de 1937, y concederle el empleo de sargento de Aviación.

En el mes de agosto de 1938 se incorporó a la 3ª Escuadrilla de cazas Polikarpov I-16 del Grupo 21, en la que combatió durante la batalla del Ebro y la campaña de Cataluña, donde voló como punto izquierdo del jefe de Escuadrilla, Ángel Sanz Bocos «Vallecas». El 6 de febrero de 1939, los aviones restantes de la escuadrilla recibieron la orden de despegar y aterrizar en el aeródromo de Toulouse, pero se produjo un ametrallamiento del aeródromo en el que se incendiaron los aviones de «Vallecas» y varios pilotos, por lo que sólo pudieron despegar los «Moscas» de Artigas, José Balsa Gutiérrez y Carreras. Artigas no localizó el aeródromo de Toulouse, pero reconoció el campo de Agen donde había hecho sus prácticas de vuelo y aterrizó con sus compañeros, siendo trasladado al campo de concentración de Gurs. Artigas fue rescatado del campo para jugar al fútbol en los equipos franceses del Girondins de Burdeos (1939), Le Mans Union Club 72 (1939-1944) y Stade Rennais (1944-1949). Entre 1949-1952 jugó en la Liga española en las filas de la Real Sociedad, regresando al Stade Rennais en 1952 para iniciar su carrera de entrenador; tres años más tarde regresó a España para dirigir a la Real Sociedad hasta 1960, en que volvió a Francia para entrenar al Girondins de Burdeos durante siete años.

En 1967 empezó su etapa como entrenador del FC Barcelona, ganando la Copa de 1968. Llegó a dirigir cuatro partidos de la Selección Española en 1969, consiguiendo dos victorias, un empate y una derrota. Artigas recaló en 1970 en el Elche CF durante una temporada hasta 1971, año en el que pasó a entrenar al Athletic Club, siendo el penúltimo equipo de su carrera como entrenador, que acabó en la temporada 1972/73 en el Sevilla Fútbol Club.

Tras el proceso judicial iniciado con ADAR con la llegada de la democracia le fue reconocido el grado de comandante de Aviación, y fecha de retiro 23 de febrero de 1976 (Fuente ADAR).

Miguel Ángel Sanz Bocos

Nació en La Poveda (Arganda del Rey, Madrid) el 5 de julio de 1918 Falleció en Benidorm (Alicante) el 13 de agosto de 2018. Apodado «Vallecas». La familia de Ángel Sanz vivía en el popular barrio de Vallecas, donde su padre tenía una ferretería. Asistió a la Escuela de Artes y Oficios, completando su formación en las clases nocturnas que impartían los Salesianos de Atocha. Cuatro meses después de estallar la guerra, se incorporó como voluntario en un batallón Antigás que le condujo a varios frentes. En un descanso en Madrid se enteró de las convocatorias para el curso de piloto. Superadas las pruebas preliminares en Madrid, se dirigió en autobús a Los Alcázares para afrontar el examen físico, que superó. Perteneció a la 2ª Expedición de Kirovabad. Tras un viaje en tren que los llevó hasta Moscú, Ángel Sanz y sus compañeros arribaron a la Escuela de Vuelo de Kirovabad, donde se especializó en el pilotaje del monoplano Polikarpov I-16. Los componentes de esta promoción fueron regresando por tandas a partir de noviembre de 1937 hasta febrero de 1938, reentrenándose en el Carmolí, Murcia. Según el *Diario Oficial del Ministerio de Defensa Nacional,* núm. 31 del 5 de febrero de 1938,, se resolvió otorgarle el título de piloto militar, con antigüedad del 5 de enero de 1938 y el empleo de sargento del Arma de Aviación, clasificado en el empleo de cabo con la antigüedad de 25 de septiembre de 1937, fecha en la que obtuvo el título de piloto elemental.

Seguidamente fue enviado a Villar del Arzobispo (Teruel) para volar en la 4ª Escuadrilla del Grupo 21 que lideró el teniente Manuel Zarauza Clavero donde, compartiendo avión con otros dos pilotos, realizó varias salidas al frente. Al producirse el corte de la zona republicana, fue enviado a Cataluña para incorporarse en el campo de Pla de Cabra a la 3ª Escuadrilla que dirigía el teniente José María Bravo Fernández, de quien se convirtió en el punto izquierdo de su patrulla.

El 3 de agosto de1938 se trasladó a Figueras en compañía de otros pilotos de la escuadrilla para hacerse cargo de un Supermosca (I-16 Tipo 10), y a finales de mes, siendo ya jefe de la 3ª Escuadrilla el valenciano Francisco Tarazona Torán, fue nombrado jefe de una patrulla. En el mes de noviembre de 1938, el sargento Antonio Calvo asumió la jefatura de la 3ª y Sanz pasó a ser su segundo en el mando; realizó patrullas de protección de Barcelona con un avión equipado con radio a la vez que intervino en las misiones de la contraofensiva del Ebro, donde el 12 de enero de 1939 fue ascendido a teniente, asumiendo la dirección de la 3ª Escuadrilla y, posteriormente, de una de las unidades de Polikarpov I-16 que, a instancias del mayor Andrés García Lacalle, jefe de la Escuadra, se formó con los monoplanos restantes.

El día 5 de febrero, el Gobierno le ordenó que al día siguiente saliese con sus aviones en dirección a Toulouse, pero en la madrugada fueron ametrallados por la Legión Cóndor; Sanz se vio obligado a atravesar la frontera a pie, siendo internado en el campo de concentración de Argelés sur Mer y posteriormente en el de Gurs junto al resto de aviadores republicanos. Al estallar la Segunda Guerra Mundial, los pilotos republicanos se ofrecieron como voluntarios a la Fuerza Aérea francesa, pero el gobierno galo sólo les ofreció volar como cuerpo expedicionario en Indochina. A partir de ese momento, Sanz comenzó un periodo de entradas y salidas del campo de Gurs para trabajar como peón agrícola y leñador, que dieron paso a una situación de semilibertad salpicada de fugas y encontronazos con la gendarmería francesa, la policía alemana y las SS, que le interrogó brutalmente.

En abril de 1943 decidió acogerse al decreto de amnistía franquista para regresar a España. Atravesó la frontera, pero fue denunciado e internado en prisión. A la salida de la cárcel fue condenado a cumplir varios años en los batallones disciplinarios de África, pero no se presentó y viajó a Madrid para trabajar en el negocio familiar. Sanz obtuvo el título de técnico electrónico y trabajó en la semiclandestinidad haciendo aparatos de radio hasta que la persecución policial le obligó a dejar Madrid con su familia y huir a Francia. Sanz se instaló en París, donde se acreditó como refugiado político para evitar su deportación y emprendió la difícil tarea de ganarse la vida en un país en el que prácticamente no conocía el idioma. Muchos años después, se asoció con Miguel Zambudio (antiguo jefe del Grupo 26 de Polikarpov I-15) para la venta en Francia de los tornillos que manufacturaba la empresa de Jaime Mata (piloto y jefe de la 4ª Escuadrilla del Grupo 24 de Tupolev SB-2 «Katiuska»), abasteciendo inicialmente a las empresas automovilísticas francesas (Citroën y Renault). Ángel Sanz fue uno de los fundadores de la Liga de Antiguos Aviadores de la República Española (Alas Plegadas) con sede en París, del que tenía el carné de asociado número 2 (Zambudio, el número 1). Más tarde adquirió un restaurante en Benidorm donde organizó en 1972 una de las primeras reuniones de los aviadores de la República. Vivió a caballo entre París y Benidorm durante muchos años, dedicándose a repartir con prodigalidad dos de las características que mejor le definen: simpatía y generosidad. Fue Presidente Colegiado de ADAR hasta la fecha de su fallecimiento (Fuente de datos: M. Ángel Sanz Bocos. Carlos Lázaro Ávila socio de ADAR e historiador aeronáutico. ADAR).

Amigos aviadores

Vicente Fernández-Escribano García

Nació el 25 de mayo1919 en Madrid - Falleció en Madrid el 7 de diciembre de 2006.

Ingresó en las FAR y según Circular núm. 6563 (*Diario Oficial del Ministerio de Defensa Nacional,* núm. 94 del 20 de abril de 1938 del), se resolvió otorgar el título de piloto militar y el empleo de sargento del arma de aviación, con fecha 1 de mayo 1938.

Actuaciones y destino durante la Guerra en la Escuadrilla Elemental de Alcantarilla, Escuela de Transporte de La Ribera, Escuela de Caza de La Ribera, Cuadro Eventual de Caza de La Ribera, Escuela de Vuelos Nocturnos del Carmolí; siendo su último lugar de destino la 4ª Escuadrilla del Grupo 71, La Aparecida, Cartagena. Finalizó la contienda con el grado de sargento. Se especializó como piloto de Caza de I-15 Polikarpov.

Terminada la guerra, Vicente entró a trabajar en la pastelería «La Mallorquina» —situada en plena Puerta del Sol de Madrid— como auxiliar administrativo con 21 años.

Estaba casado con Enriqueta Matilla Carbonero y, durante la guerra, tuvieron a su hija María Jesús. Vicente fue un compañero de armas con el que Hilario tuvo gran amistad y contacto. La dispersión que se produjo al término de la contienda impidió las relaciones personales, sobre todo en España. Pero al marchar Hilario a trabajar a Madrid se pudieron reencontrar. Hilario, hijo, mantuvo también una estrecha relación con Vicente, quien le contó muchos avatares que su padre se guardaba. Cuando lo visitaba en La Mallorquina le regalaba una caja de ensaimadas. También recordaban anécdotas. Contaba que Franco, cuando iba de caza, enviaba a un empleado de su residencia en El Pardo a recoger las famosas ensaimadas que Vicente le preparaba personalmente. «Imagínate el susto que se da si se entera de quién le daba los pasteles» —le decía a Hilario.

En 1999 Vicente, con 80 años, era jefe de personal, director general de «La Mallorquina», y todavía en activo. La prensa de Madrid lo definía así: «Castizo de Atocha, las manos menudas y los dedos finos y muy largos, el pelo blanco repeinado para atrás, un marcapasos que da vida a su corazón, memoria de cocodrilo.

Sentado en un taburete tras el mostrador de las rosquillas, controlando tras de sus espejuelos redondos el ir y venir de los sesenta empleados a su cargo, Vicente, que no puede tomar café pero que nos invita a café, recuerda la historia de La Mallorquina...»

Por su larga y generosa vida laboral recibió la Medalla al Mérito en el Trabajo.

Mariano Francisco Martí Egea

Nació el 11 de diciembre de 1918 en Épila (Zaragoza). Hijo de Santiago y Joaquina. Falleció en Toulouse, (Francia) el 27 de mayo del 2000 y trasladado al cementerio de Morata de Jalón.

En Épila, su padre trabajaba como ferroviario en la estación. En los años 30 éste fue destinado a Murcia por su trabajo en los ferrocarriles y allí les pilló el golpe militar de julio de 1936.

Cuando el Gobierno decidió trasladar a Murcia las escuelas de formación de pilotos, Francisco Martí —que contaba con dieciocho años de edad— solicitó el ingresó en la Escuela General del Aire de San Javier, en junio de 1937. Se especializó como observador, y formó parte de la Segunda Expedición 1° Grupo: 20 de julio de 1937-29 de noviembre de 1937/ febrero de 1938 con destino a Kirovabad en Azerbaiyán, URSS. Fueron enviados 200 alumnos, de los que 50 fueron trasladados a Járkov para realizar el curso de Observadores, aunque luego hicieron igualmente el curso de piloto. Entre ellos se encontraba Martí Egea. Acompañantes: capitán Andrés García Lacalle, capitán Antonio Salueña Lucientes y el teniente mecánico Ramón Moreno Bernal.

Salida: Mediados de julio de 1937. Desde Barcelona salieron en tren hasta Marsella donde embarcaron en el buque francés «Teophile Gautier» que cubría el trayecto por el Mediterráneo hasta Odessa. Trasladados en tren hasta Moscú, fueron alojados en un cuartel de aviación soviético hasta su traslado en ferrocarril hasta Kirovabad.

Regreso: Los alumnos de Járkov salieron el 11 de noviembre de 1937 y volvieron a Francia en el «Félix Derzhinski»; desembarcaron en El Havre y llegaron a Cataluña en ferrocarril.

Según Circular núm. 2776 (*Diario Oficial del Ministerio de Defensa Nacional*, núm. 44, del 21 de febrero de 1938), se resolvió concederle el título de Ametrallador Bombardero, y el empleo de cabo de Aviación, con la antigüedad del 11 de noviembre de 1937, fecha en que terminó el curso correspondiente. En la Circular núm. 5838 (*Diario Oficial del Ministerio de Defensa Nacional*, núm. 85, del 9 de abril de 1938), se resolvió concederle el título de observador, y el empleo de sargento del Arma de Aviación, con antigüedad del 11 de marzo de 1938.

Durante la Guerra estuvo destinado en San Javier y Los Alcázares, en la 2ª Escuadrilla del Grupo 24 de Tupolev SB-2 Katiuskas. Tras la batalla del Ebro, durante la retirada a Cataluña (últimos meses de guerra) pilotó bombarderos.

Finalizó la Guerra destinado en Figueras (Gerona). Cruzó la frontera con Francia siendo recluido en los campos de Argelés y después Gurs.

En España, y sin haber terminado aún la guerra, el *Boletín Oficial de la Provincia de Zaragoza*, decía: «No habiendo comparecido al acto de la clasificación y declaración de soldados celebrado el día 5 del actual los mozos que a continuación se expresan, se les requiere por la presente a fin de que antes del tercer domingo del mes actual se personen ante este Ayuntamiento para oír sus descargos en el expediente de prófugos que se les instruye» (24 de marzo de 1939, núm. 1.912, p. 5).

Mientras, en el país vecino encontró trabajo en una granja de la población francesa de Bagnères-de-Luchon, que se encuentra en los Pirineos, en la región histórica del Pays de Luchon, próximo a la frontera hispano-francesa, al sur de la provincia del Alto Garona. Tiene una senda que lo comunica a través de las montañas con Benasque, en España. Dicho trabajo lo liberó de los campos de concentración y le permitió estar protegido durante la ocupación alemana. En aquel tiempo Martí estaba afiliado al Partido Comunista y de forma clandestina apoyó a la resistencia. Terminada la Segunda Guerra Mundial se planteó regresar a España.

Durante su estancia en Francia las autoridades franquistas no se habían olvidado de él, tal como indica el BOPZ de 12 diciembre 1946: «y en la actualidad en ignorado paradero; comparecerá en el término de treinta días, a partir de la publicación de estas requisitorias...».

A finales de los años 40 cruzó de forma clandestina la frontera, entrando en España por Benasque utilizando las rutas que controlaban los contrabandistas de la época, y llegó hasta Morata de Jalón, donde vivía su familia al haber sido destinado su padre a la estación de tren. Localizado por las autoridades franquistas, fue detenido e ingresado en la prisión provincial de Zaragoza el 10 de abril de 1947. Se le abrió el Sumario CPTAN 1.347. Fue liberado sin juicio el 10 de abril de 1948, tras un año encarcelado, coincidiendo con la fecha en que se da por finalizado el «Estado de Guerra», aún vigente en España.

La represión Franquista

Según Borja de Riquer se distinguen varias etapas en la represión franquista después de la guerra: «hasta 1944 esta fue muy generalizada e intensa; posteriormente, la represión se hizo un poco más laxa, aunque persistieron coyunturas especialmente violentas, como la de los años 1947-1950, 1958-1963 y 1969-1975». Según este mismo historiador se puede afirmar que la represión franquista fue muy eficaz hasta al menos mediados de la década de 1960, «mientras las actividades de la oposición eran realizadas por núcleos clandestinos relativamente reducidos y sin capacidad de promover grandes movilizaciones de masas». Después, «las fuerzas de orden público tuvieron más dificultades para desmantelar los grupos cada vez más numerosos y activos de la oposición, pese a que lograron no pocos «éxitos» represivos». Hay que recordar que el estado de guerra se mantuvo hasta el 7 de abril de 1948, nueve años después del final oficial de la Guerra Civil.

Francisco Martí se casó el 16 de septiembre de 1951 con Pilar Medina Oriol, natural de Morata de Jalón, en cuya iglesia, dedicada a Santa Ana, se celebró la misa religiosa. Martí trabajó en la Fábrica de cementos Portland, de Morata de Jalón. Inicialmente lo hizo en la Ensacadora. Fue ascendiendo y llegó a encargado. Portland montó una academia para los hijos de los trabajadores donde Martí dio clase de francés. Para ello se examinó en Madrid para obtener la titulación necesaria.

Tras la muerte del dictador y la llegada de la transición a la democracia se abrieron dos cuestiones que a Martí le interesaron mucho, una era la sindicación de los trabajadores de la cementera. Las primeras elecciones democráticas de representantes sindicales se celebrarían del 23 de enero al 15 de febrero de 1978. Para ello se convocó a los trabajadores a una asamblea donde se votó el pertenecer a la UGT o a CCOO, siendo la opción de Comisiones Obreras la más votada.

Así pues, Martí y el grupo de dirigentes sindicales con los que estaba organizado ganaron las elecciones sindicales de forma absoluta y el comité de empresa fue del sindicato Comisiones Obreras de Aragón. Comité en el que Martí jugaría un papel fundamental.

La segunda cuestión importante para él eran las elecciones municipales en España. Su actividad política, hasta entonces clandestina, no se había relajado durante la travesía de la dictadura a la democracia. En febrero de 1979 se presentó a las elecciones locales en Morata de Jalón como cabeza de lista de Unión Aragonesa por Ayuntamientos Democráticos (UAAD), una candidatura de izquierdas que lo llevó a la alcaldía. Para el periodo 1983-1987 fue igualmente elegido concejal por la UAAD y formó parte del equipo de gobierno municipal. Para el periodo 1987-1991, y como afiliado al PSOE, encabezó la candidatura socialista que lo llevó a ser alcalde de nuevo.

La llegada de la democracia facilitó el proceso judicial iniciado con ADAR, hasta que le fue reconocido el grado de comandante del Arma de Aviación del Ejército Español, con fecha de retiro 11 de diciembre de 1980.

Domingo Gargallo Jariod

Nació el 19 de marzo de 1916 en Pina de Ebro (Zaragoza). Hijo de Joaquín y Carmen. Falleció en Caspe (Zaragoza) el 6 de noviembre del 2000.

El padre de Domingo Gargallo Jariod, ferroviario, estuvo destinado en la estación de Pina de Ebro, lugar donde también vivía su familia. No estuvieron allí mucho tiempo porque a su padre lo destinaron después a la estación de Caspe, su ciudad originaria.

Domingo estudió hasta terminar el bachillerato en el Instituto libre de Caspe y realizó los exámenes en el Instituto Goya de Zaragoza, donde aprobó con Matrícula de Honor en 1934, lo que le permitió obtener una beca y estudiar en la Universidad de Zaragoza la carrera de Químicas, en la Facultad de Ciencias. Hizo dos años de carrera y en 1936, estando de vacaciones en Caspe, sucedió el golpe militar que dio inicio a la Guerra Civil.

En septiembre de 1936 se desplazó a Barcelona y se alistó voluntario en el Ejército de la República, ingresando en la Escuela Popular de Guerra de Barcelona. En enero de 1937 terminó el curso de oficial de infantería con el grado de teniente (D.O. n° 64, 15 marzo 1937). Fue destinado al 2° Regimiento de la 2ª División en Figueras (Gerona). En mayo de 1937 fue enviado a un batallón expedicionario, que pasó agregado al ejército del Sur, en Jaén y provincia. En junio, con el mismo batallón, pasó al ejército del Centro, 4° Cuerpo de Ejército 136 Brigada Mixta, 544 batallón 1ª compañía, al frente de la cual estuvo por los distintos sectores de Brihuega, Cifuentes etc.

Permaneció en la misma unidad hasta marzo de 1938, que pasó a realizar un curso de capacitación de oficiales y en junio pasó a Los Alcázares (Murcia) donde, tras un concurso oposición, ingresó en la Escuela de Observadores de Los Alcázares. Su labor primordial era reconocimiento y bombardeo de las posiciones enemigas para que la infantería propia pudiera establecer posiciones ventajosas en combate.

De la segunda convocatoria saldrían titulados el 12 de octubre de 1938 (D.O. del Ministerio de Defensa Nacional, n° 278, de 25 octubre 1938, p. 376) diecinueve participantes, quedando agregado al Arma de Aviación. Fue ascendido a capitán (D.O. n° 276 de 23 octubre 1938). En situación de disponible forzoso, quedó destinado en el aeródromo El Burguete (Los Alcázares, Murcia) hasta terminar la guerra.

Al término de la contienda fue detenido el 2 de abril de 1939 en el aeródromo El Burguete, quedando retenido en el pabellón de oficiales y posteriormente ingresando en la prisión provincial de Murcia. Por sentencia del consejo de guerra de Aviación (Sumarísimo de urgencia n° 2856 de 1939), celebrado en el aeródromo de La Ribera de San Javier (Murcia), fue condenado a 30 años de reclusión mayor. El 31 de octubre de 1939 consta orden de traslado de la prisión de Murcia a la prisión central de trabajo de Totana junto a 68 compañeros, para cumplir condena, traslado que se realizó el 3 de noviembre de 1939. El 25 de abril de 1940 le fue conmutada la condena por 20 años de reclusión menor a extinguir el 28 de marzo de 1959. El 31 de julio de 1941 se le abonaron tres meses de redención de pena por asistir al Grupo Especial de Enseñanzas.

El 28 de julio de 1942 fue conducido para realizar trabajos en las Colonias penitenciarias militarizadas de la Quinta agrupación de Toledo. Se le concedió la libertad condicional el 17 de julio de 1943.

Tras salir en libertad regresó a Caspe, pero no le daban trabajo al estar marcado por sus antecedentes penales. Ocasionalmente, y bajo mano, daba algunas clases en el Instituto. Un amigo le consiguió un trabajo como administrativo en una empresa de alcohol vínico que tenía las oficinas en Zaragoza y las instalaciones en Aguarón (Zaragoza). Extraoficialmente realizaba funciones de químico analizando los alcoholes que se destilaban del vino, aunque no se lo pagaban. Inicialmente vivió de patrona en casa de un familiar en Zaragoza. Después en la calle Concepción Arenal 13 (Censo de 1955). Contrajo matrimonio en Caspe con Milagros Callao Muniente el 15 de abril de 1948. Tuvieron tres hijos.

No pudo inscribirse en la Universidad de Zaragoza y careció de derechos hasta la cancelación de los antecedentes penales el 16 de noviembre de 1965. En los años 60 toda la familia se asentó definitivamente en Caspe.

Afiliado a ADAR, con la llegada de la democracia litigó para que le fueran reconocidos sus derechos. En el año 1982 se le reconoció su situación militar como capitán, percibiendo la correspondiente pensión de jubilación.

Afiliado al Partido Socialista Obrero Español (PSOE), formó parte del grupo fundador de la Agrupación Socialista de Caspe el 10 de agosto de 1977. Domingo Gargallo fue muy activo en cuantas actividades sociales pudo participar; así, hay constancia por la prensa de su participación en febrero de 1972 de la renovación de cargos de la Asociación de Padres de Familia de Caspe, asumiendo el cargo de secretario. Igualmente, de su participación en 1972 en los cargos directivos del C. D. Caspe como secretario.

Respecto a su actividad política en democracia, participó en las elecciones municipales en Caspe con el PSOE. En la candidatura de marzo de 1979 figura como suplente. En la candidatura de abril de 1983 figura como candidato cerrando la lista. En la candidatura de mayo de 1987 es elegido concejal y primer teniente de alcalde. En 1991 repitió como concejal y primer teniente de alcalde.

Anexo

CONVOCATORIA PARA ASPIRANTES A PILOTO
EN LAS ESCUELAS DE VUELO DE LA REPUBLICA
(*Gaceta de la República*, 105, 15 abril 1937)

Excmo. Sr.: Se convoca concurso para cubrir plazas de Alumnos pilotos de Aviación militar, en las condiciones siguientes:

Primera. Los aspirantes tendrán que haber cumplido los 18 años antes de primero de Mayo y no haber cumplido 22 años dentro del año actual.

Segunda. Las peticiones se harán por instancias dirigidas a la Subsecretaría del Aire. (Ministerio de Marina y Aire), acompañando lo siguientes documentos:

a) Certificado de lealtad al régimen expedido por cualquiera de los partidos políticos o agrupaciones afectos al Frente Popular. Los aspirantes militares pertenecientes en la actualidad al Ejército regular, Institutos armados, Milicias o Servicios de guerra, sustituirán el aval por certificado del Comisario político respectivo de la Columna, Cuerpo, Unidad Servicio o Dependencia donde sirva, y, en su defecto, de los primeros Jefes de éstos, garantizando su lealtad y adhesión al régimen.

b) Certificado de nacimiento expedido por el Juzgado Municipal correspondiente, para los civiles, y copia de la media filiación, para los militares. Los aspirantes que no puedan presentar el certificado de nacimiento por haber sido destruidos los Registros civiles en que estaban inscritos, o encontrándose esos Registros civiles en localidades no sometidas al poder legítimo de la República, presentarán en cambio el documento a que se refiere el párrafo cuarto de la Orden ministerial del Ministerio de Marina y Aire del 21 de Marzo del año actual, GACETA número 82, del 23 de Marzo del año en curso. El certificado a que se refiere el párrafo anterior será extendido ante el Juez correspondiente y gratuitamente, según se ordena en el Decreto del Ministerio de Justicia del 2 de Enero del año actual, GACETA número 9, y en el artículo, primero del Decreto del Ministerio de Justicia de 9 de Enero del año actual, GACETA número 12.

Tercera. EL plazo de admisión de instancias se cerrará el día 15 de Mayo, a las 20 horas, y se considerarán nulas todas las instancias que lleguen al Registro de entrada de la Subsecretaría del Aire después de cerrado el plazo. También se considerarán nulas y como no recibidas las instancias que no lleguen acompañadas de los documentos a que se refiere la condición segunda, y las que sean acompañadas de un certificado de lealtad al régimen que a juicio del Delegado político de las Fuerzas del Aire sea insuficiente. No se contestará a los aspirantes cuyas instancias sean nulas por cualquiera de los motivos que se indiquen.

Cuarta. Los aspirantes cuyas instancias estén en regla serán llamados, antes o después de terminar el plazo de admisión de instancias, para ser examinados por escrito de las siguientes, materias:

Aritmética

Lectura, escritura y operaciones con números enteros, fraccionarios y decimales. Sistema métrico decimal. Milla marina, milla terrestre, pie, pulgada, libra y galón inglés. Razones y proporciones. Regla de tres. Escalas.

Geometría

Plana.— Segmentos y ángulos. Perpendicularidad y paralelismo. Polígonos. Propiedades de triángulos y cuadriláteros. Circunferencia y círculo. Semejanza de triángulos.

Del espacio.— Ángulos diedros y poliedros.- Poliedros. Prisma y pirámide. Cilindro. Cono y esfera. Desarrollo de cilindro y cono.

Gramática

Ortografía.— Escritura dictada de una media página de cualquier obra literaria contemporánea.

Retentiva y redacción.— Exposición por escrito de cualquier tema desarrollado verbalmente por el Profesor.

Geografía

Europa. — Configuración general, costas, relieve, principales sistemas montañosos, hidrografía. Estados que la constituyen.

España.— Sistema montañoso, sistema hidrográfico, provincias que la constituyen. Principales ciudades y pueblos.

Quinta. Los que resulten aprobados en el examen serán sometidos, sin excepción, a reconocimiento facultativo, y los que resulten útiles, clasificados por orden de la puntuación obtenida en el examen, para cubrir las plazas vacantes en las Escuelas de Vuelo.

Sexta. En el momento de ser llamados a ellas serán nombrados Alumnos pilotos, filiándose como soldados, los que sean paisanos, teniendo derecho al haber correspondiente y también a la gratificación de vuelo, desde el día que empiece su instrucción de vuelo, que irá precedida de un período de instrucción militar, durante el cual adquirirán también los conocimientos teóricos correspondientes a cabo y sargento.

Séptima. Los aspirantes recibirán pasaporte para trasladarse, por cuenta del Estado, desde el punto de su destino o de su residencia hasta el lugar en que deban de ser examinados, y los aprobados, lo mismo para hacer el viaje hasta el lugar en que se verifique el reconocimiento facultativo, si han sido examinados en otro punto. Los que resulten desaprobados o declarados inútiles recibirán también pasaporte para regresar por cuenta del Estado a su destino o residencia.

Octava. A la terminación del curso se les expedirá el título de Piloto militar y serán promovidos al empleo de sargento, con arreglo a lo dispuesto en la Orden circular de 4 de Diciembre de 1936, GACETA número 341.

Novena. Los alumnos que por falta de aptitud de pilotaje fuesen dados de baja en la Escuela podrán optar por volver a la vida civil, los paisanos, o seguir prestando sus servicios como soldados de filas del arma de Aviación militar. Las clases de tropa dados de baja por iguales motivos volverán a sus Cuerpos o servicios de procedencia.

Décima. En caso de accidente que produzca inutilidad o muerte durante el desarrollo del curso tendrán derecho los concursantes o sus herederos a la pensión correspondiente al sueldo que perciban, o al de sargento, de no tener categoría, empleo o derechos superiores.

Undécima. A esta convocatoria serán admitidos los paisanos y los sargentos, cabos y soldados del Ejército cuya edad esté comprendida en los límites señalados en la condición primera.- Los sargentos recibirán a la terminación de su enseñanza el título de sargento piloto, con la antigüedad de la fecha en que terminaron sus prácticas, y al ingresar en el curso deben aceptar esta condición.

Lo digo a V. I. para su conocimiento y cumplimiento. Valencia, 8 de Abril de 1937 .

INDALECIO PRIETO

Archivos, recursos y bibliografía

ARCHIVOS

Archivo de la Asociación de Aviadores de la República (ADAR).

Archivo General e Histórico de Defensa.

Archivo General Militar de Ávila.

Archivo Histórico del Ejército del Aire

Archivo General de la Nación. República Dominicana.

Archivo Familia Hinojosa-Pérez.

Archivo Familia Martí-Medina.

Archivo Familia Gargallo-Callao.

Biblioteca Nacional de España. Hemeroteca Digital .

Biblioteca Virtual de Defensa.

Hemeroteca Municipal de Madrid.

RECURSOS

Diario Oficial del Ministerio de Defensa Nacional. 1938.

Boletín Oficial del Estado (BOE).

Boletín Oficial de la Provincia de Zaragoza (BOPZ).

Gaceta de la República. 1937.

Asociación Cultural La Casa Negra (2022). Segundo paseo de la Guerra Civil por Aranjuez. Disponible en: asociacionlacasanegra. wordpress.com

Buscador de documentos y Registro Civil de distintos países. Disponible en: https://www.familysearch.org/es/

Buscar Combatientes. Indexación de documentos de la Embajada de México en París. Documentos Registros Civiles y otros. Disponible en: https:// buscar.combatientes.es/

Diccionario Biográfico del Socialismo Español. Fundación Pablo Iglesias. Domingo Gargallo Jariod.

El Cerro de los Ángeles durante la Guerra Civil. Museo Virtual de Getafe. Disponible en: https://museogetafe.es/omeka

Fichero general de la sección político-social (Delegación Nacional de Servicios Documentales, Centro Documental de la Memoria Histórica).

Grupo de Investigadores del Parque Lineal (GIPL). El ataque de Líster al Cerro de los Ángeles: el Cerro Rojo. Disponible en: www. parquelineal.es

Lista de personas fusiladas por el franquismo en la provincia de Toledo. Disponible en: https://15mpedia.org/wiki/

Parroquia de Santa María Magdalena, Villasequilla, Toledo.

Portal de Archivos Españoles. Ignacio Hidalgo de Cisneros.

Prisión Central de Totana, Murcia. Gargallo Jariod, D. 1939-1942.

Prisión de Zuera, Zaragoza. Expedientes procedentes de la Prisión Provincial de Zaragoza. Martí Egea Francisco. Sumario CPTAN 1.347.

Real Academia de la Historia. Segismundo Casado López.

Registro Civil Ayuntamiento de Tembleque, Toledo.

Procedimientos de la justicia militar contra el personal militar que luchó en la Aviación Republicana durante la Guerra Civil (1936-1945). Archivo Histórico del Ejército del Aire.

Resumen de operaciones aéreas. Descritas por José María Bravo en su libro *El Seis Doble* (2005), Francisco Tarazona, *Yo fui piloto de Caza rojo* (1974, versión en España) y Manuel Montilla, *Héroes sin rostro* (2018, versión México) .

BIBLIOGRAFÍA

ADAR, «El último vuelo de Mari Pepa Colomer y Duque», *Ícaro*, 80, 2004, p. 11.

ADAR, «In Memoriam. Rómulo Negrín Mijailov», *Ícaro*, 80, 2004, p. 12.

Blacksmith, M., *Memoria republicana: El Ejército de Milicianos.* Disponible en: www.sbhac.net

Bravo Fernández-Hermosa, José María y Madariaga Fernández Rafael de, *El Seis Doble: Bravo y los «Moscas» en la Guerra Civil Española y en la II Guerra Mundial,* Craftair-Agudin, Madrid, 200t.

Crespo Fraguas, A., *La fortificación de campaña durante la Guerra Civil española en el teatro de operaciones del centro (1936-1939): cicatrices del paisaje.* Tesis Doctoral. Universidad de Castilla la Mancha, 2022.

Galán Ortega J., «Representación de la lucha en el aire: los pilotos de la República en la Guerra Civil española». Cita sobre Francisco Meroño Pellicer. *Revista de Historia Militar.* Volumen 7, nº 15, 2018.

García Hernández, J., *25 militares de la República.* Ministerio de Defensa, 2011.

Historia de San Javier. Pasado y Presente de una Sociedad del Mediterráneo Occidental. Universidad de Murcia. Volumen II, Ayuntamiento de San Javier, 2021.

Lázaro Ávila C. (2003). Cuadernos de Aviación Histórica. Dosier 3.

Lázaro Ávila C., *Los Aviadores Españoles Exiliados en México: El momento de echar raíces.* AARE. Ministerio de Defensa, 2022.

López Fraile, F.J., Morín de Pablos, J., Rodríguez Fernández, A., *La batalla de Madrid (1936-39). Excavaciones en las defensas de la capital.* Departamento de Arqueología, Paleontología y Recursos Culturales. Auditores de Energía y Medio Ambiente, S.A., 2008.

Madariaga Fernández Rafael de, «Las Escuelas de Caza Republicanas: La Ribera, Kirovabad, El Carmolí y Lorca». *Aeroplano: revista de historia aeronáutica*, 12, 1994 (Instituto de Historia y Cultura Aeronáuticas, Madrid), pp. 60-79.

Madariaga Fernández Rafael de, «Antonio García Cano: su historia personal (I)», *Ícaro*, 79, 2004, pp. 6-8. La segunda parte en *Ícaro*, 80, pp. 6-10.

Río Martín M. del, *La memoria y los aviadores de la II República durante la Guerra Civil española. La vida en las escuadrillas de combate de la Aviación Republicana durante la Guerra Civil*. Tesis Doctoral. Universidad de Alicante, 2015.

Salas Larrazábal J., *La Caza Republicana en la Guerra Civil española. La Aviación en la Guerra española*. Edita el Ministerio de Defensa, 1999.

Salas Larrazábal J., *La Caza rusa en España según su Diario de Operaciones*. Tomo II. Edita el Ministerio de Defensa, 2009.

Sanz Bocos, M. A., *Memorias de un chico de Vallecas piloto de Caza de la República*. Ediciones QVE., 2011.

Valero Escandell, J. R., *El final de la Segunda República: La posición Yuste*. Universidad de Alicante, 2008.

Fotografías
y documentos

LIBRO DE FAMILIA

Certificado de boda eclesiástica.

HILARIO HINOJOSA EN LA INFANTERÍA

Fuerzas republicanas en el Cerro de los Ángeles. Fotografía: Madridiario.es

https://toledoolvidado.blogspot.com/

Cuesta de la reina. Soldados del batallón Murcia posando en trinchera,
al fondo el puente largo del Jarama.
https://vestigiosguerraciviltoledo.blogspot.com/2020/12/fotografias-de-la-carretera

El Carmolí. Hilario Hinojosa señalado con una flecha en la pala del avión.
Instructores: Parte superior derecha con la mano en la hélice; Francisco Alarcón Ríos. Debajo, fila de pie primero por la derecha: Antonio Gómez Castresana. Sentados primera fila de izquierda a derecha: el segundo es Mariano Palacios Menéndez. Sentados segunda fila de izquierda a derecha: el primero es Ramón Castañeda Pardo.

Polikarpov I-16. (ADAR)

Pistas de El Carmolí (Fotografía: Ayuntamiento de San Javier)

Fotografía tomada en Valencia. Hilario (primero a la derecha) con dos compañeros aviadores.

AMIGOS AVIADORES

Álbum de Mariano Francisco Martí Egea.

Bombardero Tupolev SB-2 Katiuskas.
https://lavozdetomelloso.com/57344/aerodromo_militar_tomelloso_durante_guerra_civil

Viaje reunión de ADAR. De pie primero a la izquierda Martí Egea. Agachado
Hilario Hinojosa.

Domingo Gargallo en la infantería. Primero a la izquierda.

Domingo Gargallo, agachado de derecha a izquierda, el segundo.

Junio de 1977 viaje a una reunión de ADAR. Agachado a la izquierda Domingo Gargallo junto a Hilario Hinojosa. La foto la realiza Francisco Martí Egea.

Prisión de trabajo de Totana. De izquierda a derecha. Domingo Gargallo sentado el tercero (Con un niño en sus piernas).

Notas

1   San Javier, Murcia, 7 de octubre de 1952. Aviador. Coronel retirado del Ejército del Aire de España. Doctor en «Paz y Seguridad Internacional» (UNED, 2010). Miembro del Seminario de Investigación para la Paz de Zaragoza. Escritor. Profesor de la Universidad de la Experiencia de la UNIZAR y Universidad San Jorge.

2   El 24 de abril de 1928 nació la «Sociedad de Foot-ball Toledo», un equipo que fue fundado en un momento en el que el fútbol navegaba aún entre el amateurismo y el profesionalismo. El 7 de junio de 1932 la sociedad ingresa en la Federación Centro y cambia de nombre, adoptando el de «Toledo Foot-ball Club» con camisa color blanco y pantalón negro hasta el estallido de la Guerra Civil Española.

3   Mike Blacksmith, *Memoria republicana*, p. 18. Editado por la Sociedad Benéfica de Historiadores Aficionados y Benéficos.

4   Carlos A. Pérez. Este artículo apareció en el boletín *El Miliciano*, nro. 6 (1996); *El Liberal*, 18 de agosto de 1936; *El Liberal*, 4 de septiembre de 1936; *El Sol*, sábado 24 de octubre de 1936, p. 2; Archivo General Militar de Ávila, signatura AGMAV, C.1027, 5.

5   *Ahora* (Madrid), 16 de septiembre de 1936, pp. 8-9.

6   La fortificación de campaña durante la Guerra Civil española en el teatro de operaciones del Centro (1936-1939). Tesis Doctoral de Ángela Crespo Fraguas. Universidad de Castilla-La Mancha, 2022-https://asociacionlacasanegra. wordpress.com/2022/05/15/segundo-paseo-de-la-guerra-civil-por-aranjuez

7   F.J. López Fraile, J. Morín de Pablos y A. Rodríguez Fernández.

«La Batalla de Madrid (1936-39), excavaciones en las defensas de la capital, en *Complutum*, vol. 19, núm. 2, 2008, pp. 47-62; El Cerro de los Ángeles durante la Guerra Civil · La Guerra Civil en Getafe · Museo virtual de Getafe (https://museo.getafe.es/omeka/exhibits/show/la-guerra-civil-en-getafe)-http://www.elgrancapitan.org/portal/index.php/articulos/guerracivilespanola/300labatalladeljarama; Tesis de Crespo Fraguas (290-293); El ataque de Líster al Cerro de los Ángeles: el Cerro Rojo. - Grupo de Investigadores del Parque Lineal (GIPL).

8 Cabalito. Palabra que se emplea mucho en Toledo y provincia y que significa: «Exactamente», «Así es», «Justamente».

9 *El Sol*, 21 agosto 1936, p. 2.

10 María Josefa Carreras Colomer fue la primera mujer piloto de la aviación española. Nacida en Barcelona el 31 de marzo de 1913, obtiene su carnet de piloto aviador el 19 de enero de 1931, con 18 años de edad y con un examen tan brillante que la convierte más tarde en profesora de vuelo. Falleció el 24 de mayo de 2004 (ADAR, *revista Ícaro*, 80, p. 11)

11 Ver Anexo.

12 Miguel Ángel Sanz Bocos. *Memorias de un chico de Vallecas piloto de Caza de la República*, p. 50.

13 *Historia de San Javier. Pasado y Presente de una Sociedad del Mediterráneo Occidental*. Universidad de Murcia. Volumen II, Ayunta-

miento de San Javier, 2021; Carlos Lázaro Ávila, «La formación de aviadores españoles en la URSS», *Cuadernos de Aviación Histórica. Dosier 3*, Campomás, 2003; Río Martín M. del, *La memoria y los aviadores de la II República durante la Guerra Civil española. La vida en las escuadrillas de combate de la Aviación Republicana durante la Guerra Civil*. Tesis Doctoral. Universidad de Alicante, 2015.

14 Manuel del Río Martín, *La Memoria y los Aviadores de la II República durante la Guerra Civil española. La vida en las escuadrillas de combate de la Aviación Republicana durante la Guerra Civil*. Tesis Doctoral. Universidad de Alicante, 2015, pp. 278-279.

15 La paga mensual de un cabo de aviación venía a ser de 560,93 pesetas. La de un sargento 935,82 pesetas. Datos de la 1ª Escuadra en Getafe, facilitados por Carlos Lázaro Ávila.

16 *Historia de San Javier. Pasado y presente de una sociedad del Mediterráneo occidental*. Volumen II. Gaceta de la República, 1 diciembre 1936, p. 813.

17 Manuel del Río Martín, *La Memoria y los Aviadores...*, op. cit., p. 281-282.

18 Carlos Lázaro Ávila, «La formación de aviadores españoles...», op. cit., pp. 7-9.

19 Rafael de Madariaga Fernández, «Las Escuelas de Caza Republicanas: La Ribera, Kirovabad,

El Carmolí y Lorca». *Aeroplano: revista de historia aeronáutica*, 12, 1994 (Instituto de Historia y Cultura Aeronáuticas, Madrid), pp. 75-76.

20   ADAR, «In Memoriam. Rómulo Negrín Mijailov», *Ícaro*, 80, 2004, p. 12.

21   Rafael de Madariaga, Extracto artículo sobre Antonio García Cano, *Ícaro*, 79, pp. 6-8.

22   *Diario Oficial del Ministerio de Defensa Nacional*, núm. 141, Barcelona, 10 de junio de 1938, Tomo II, p. 875. Núm. 10.157.

23   Revista Universitaria de Historia Militar Volumen 7, número 15, Año 2018. Francisco Meroño. op. cit, pp. 124-125. Cita en capítulo de su libro autobiográfico.

24   José María Bravo Fernández-Hermosa, y Rafael de Madariaga Fernández, *El Seis Doble: Bravo y los «Moscas» en la Guerra Civil Española y en la II Guerra Mundial*, Craftair-Agudin, Madrid, 2007.

25   Ver *Sangre en el cielo*, edición de Méjico, y *Yo fui piloto de caza rojo*, en España.

26   *La aviación en la Guerra Española*. V Jornadas de Historia Militar, Ministerio de Defensa, Secretaría General Técnica, Madrid, 2000.

27   Manuel del Río Martín, *La Memoria y los Aviadores de la II República durante la Guerra Civil Española*. Tesis doctoral, Universidad de Alicante, 2015.

28   Resumen de operaciones aéreas, descritas por José María Bravo en su libro *El Seis Doble*. Francisco Tarazona, *Yo fui piloto de caza rojo* (versión en España). Manuel Montilla *Héroes sin rostro* (versión México).

29   La Línea XYZ (también denominada como Línea Matallana) consistió en un sistema de fortificaciones construido para uso de tropas republicanas durante el año 1938. Situado al norte de la ciudad de Valencia, fue construido con el fin de defender dicha urbe contra los ataques de las tropas franquistas, enmarcados dentro de la conocida como Ofensiva del Levante (Wikipedia).

30   Jesús Salas Larrazábal, *Caza rusa en España, según su «Diario de Operaciones»*, tomo II, Ministerio de Defensa, 2007, p. 9. Andrés García Lacalle proporcionó al militar español, ingeniero aeronáutico e historiador Jesús María Salas Larrazábal (Burgos, 8 de junio de 1925-Madrid, 29 de marzo de 2016) el documento microfilmado del Diario de Operaciones de la Escuadra 11 de Caza.

31   Jesús Salas Larrazábal, *Caza rusa en España según su «Diario de Operaciones»*, op. cit. pp. 49-65.

32   José Ramón Valero Escandell. «El final de la Segunda República. La «Posición Yuste»», *Tiempo de Historia*, Año VII, 83 (1 octubre 1981), pp. 36-49.

33   AGHD. Procedimiento Sumario de Urgencia nº 23.337. Legajo 43.

34   El Consejo Nacional de Defensa fue un organismo que asumió la jefatura del Estado y del gobierno provisional en lo que quedaba de la República Española tras el golpe militar protagonizado por el coronel Casado contra el Gobierno del presidente Negrín.

35   Segismundo Casado López. Nava de la Asunción (Segovia), 1 de octubre de 1893 – Madrid, 1968. Coronel de Caballería del Ejército Popular de la República, protagonista principal del golpe de Estado que se dio en Madrid contra el Gobierno en marzo de 1939 que precipitó el final de la Guerra Civil. Real Academia de la Historia.

36   Archivo Histórico del Ejército del Aire. Procedimientos de la justicia militar contra el personal militar que luchó en la aviación republicana durante la Guerra Civil. Entre estos fondos de Justicia se encuentran también los expedientes de depuración abiertos por las correspondientes Juntas Depuradoras al personal civil que prestaba servicio en la Aviación Militar.

37   Carlos Lázaro Ávila, *Los Aviadores Españoles Exiliados en México: El momento de echar raíces*. AARE, Ministerio de Defensa 2022, pp. 147-179.

38   Listado ADAR Zaragoza. Proporcionado por Carlos Lázaro Ávila.